AF884019

Wach & Dienstbuch für den Sicherheitsdienst

Inhaltsverzeichnis

Autor & Herausgeber alle Copyrights:
Dieter Voskuhl
Verlag: Self- Publishing buchbestellen.info in Kooperation mit Bookmundo
Dieter Voskuhl
Druck | Versand:
Bookmundo
Erstausgabe 2018 | Neue Auflage 08.2024
ISBN: Bei Erstellung war sie noch nicht bekannt

Weitere Projekte & Bücher vom Autor im Web: www.buchbestellen.info

Allgemeine Dienstanweisung für den Sicherheitsdienst:

1. Zweck:

Diese Dienstanweisung legt die Regeln und Verfahren fest, die von allen Sicherheitsdienstmitarbeitern zu befolgen sind, um die Sicherheit und Ordnung in unserem Unternehmen/einer Einrichtung zu gewährleisten.

2. Aufgaben

- Überwachung des Geländes und der Einrichtung, um unbefugten Zutritt zu verhindern.
- Patrouillenrunden durchführen, um potenzielle Sicherheitsrisiken zu identifizieren.
- Reaktion auf Notfälle, Diebstähle, Vorfälle und Unfälle.
- Unterstützung bei Evakuierungsmaßnahmen im Notfall.
- Berichterstattung von Vorfällen und Aktivitäten gemäß den festgelegten Verfahren.

3. Verhalten und Erscheinungsbild:

- Sicherheitsmitarbeiter müssen stets ein professionelles Erscheinungsbild wahren.
- Höflichkeit und Respekt im Umgang mit Mitarbeiter,, Besuchern und Kunden sind unerlässlich.
- Wachsamkeit und Aufmerksamkeit sind grundlegende Eigenschaften, die von allen Mitarbeitern erwartet werden.

4. Kommunikation:

- Klare und präzise Kommunikation ist entscheidend für eine effektive Sicherheitsarbeit.
- Funkgeräte und andere Kommunikationsmittel müssen ordnungsgemäß genutzt werden.
- Bei Bedarf sollten Informationen schnell und genau weitergeleitet werden.

5. Vertraulichkeit und Datenschutz:

- Alle Sicherheitsmitarbeiter müssen vertrauliche Informationen schützen und vertraulich behandeln.
- Persönliche Daten von Mitarbeitern, Besuchern oder Kunden dürfen nicht ohne Genehmigung weitergegeben werden.

6. Schlussfolgerung:

Diese Dienstanweisung ist verbindlich für alle Sicherheitsdienstmitarbeiter. Jeder Mitarbeiter ist dafür verantwortlich, die Regeln und Verfahren dieser Dienstanweisung zu verstehen und einzuhalten. *Bitte beachten Sie, dass dies nur ein allgemeiner Leitfaden ist und je nach den spezifischen Anforderungen und Gegebenheiten ihres Unternehmens/Einrichtung angepasst werden muß, bzw. vorhanden ist.*

„Unfallverhütungs- Vorschriften“ (DGUV V23)

Die DGUV Vorschrift1 (ehemals BGV A1) ist die „Allgemeine Vorschrift“ der Deutschen Gesetzlichen Unfallversicherung. Im Volksmund auch „UVV“ genannt. Sie enthält grundlegende Regeln und Grundsätze für die Prävention von Arbeitsunfällen, Berufskrankheiten und arbeitsbedingten Gesundheitsgefahren. Hier sind einige der wichtigsten Punkte, die die DGUV Vorschrift 1 im Allgemeinen regelt:

1. **Verantwortung des Arbeitgebers:**

- Der Arbeitgeber ist verpflichtet. Die Sicherheit und Gesundheit seiner Beschäftigten am Arbeitsplatz zu gewährleisten.
- Er muss notwendige Maßnahmen treffen, um Arbeitsunfälle und Berufskrankheiten zu verhindern.

1.) Sicherstellung der Arbeitssicherheit:

- Der Arbeitgeber ist verpflichtet, die Sicherheit und Gesundheit der Beschäftigten am Arbeitsplatz zu gewährleisten.
- Er muss alle notwendigen Maßnahmen ergreifen, um Arbeitsunfälle und Berufskrankheiten zu verhindern.

2.) Gefährdungsbeurteilung:

- Der Arbeitgeber muß eine Gefährdungsbeurteilung durchführen, um potenzielle Risiken am Arbeitsplatz zu identifizieren.
- Basierend auf der Gefährdungsbeurteilung müssen geeignete Schutzmaßnahmen ergriffen werden.

3.) Bereitstellung von Schutzausrüstung und –maßnahmen:

- Der Arbeitgeber ist verantwortlich für die Bereitstellung von geeigneter persönlicher Schutzausrüstung und anderen Schutzmaßnahmen, um die Sicherheit der Beschäftigten zu gewährleisten.

4.) Unterweisung und Schulung:

- Der Arbeitgeber muß seine Beschäftigten über Sicherheits- und Gesundheitsrisiken informieren und entsprechend unterweisen.
- Schulungen und Weiterbildungen sollen die Beschäftigten für potenzielle Gefahren sensibilisieren und sie im Umgang mit Sicherheitsvorschriften schulen.

5.) Überwachung und Kontrolle:

- Der Arbeitgeber ist verantwortlich für die regelmäßige Überwachung und Kontrolle der Einhaltung von Sicherheitsvorschriften am Arbeitsplatz.
- Er muss sicherstellen, dass alle erforderlichen Maßnahmen umgesetzt werden und bei Bedarf Anpassungen vornehmen.

Die Verantwortung des Arbeitgebers gemäß der DGUV 1 ist von großer Bedeutung, um ein sicheres Arbeitsumfeld zu gewährleisten und die Gesundheit der Beschäftigten zu schützen.

Das ist nur ein Auszug der DGUV 1 und kann sich jederzeit ändern. Dieser Auszug ist KI generiert.

Verhalten bei Bombendrohungen

1. **Wichtigkeit von „Enstnehmen“:**

   Bombendrohungen sollten immer ernst genommen werden, unabhängig davon, ob sie als glaubwürdig erscheinen oder nicht. Es ist wichtig, dass Behörden und Sicherheitskräfte jede Drohung ernsthaft behandeln und entsprechende Maßnahmen ergreifen.

2. **Verhalten bei Bombendrohungen:**

- **Ruhe bewahren:** Es ist wichtig, ruhig zu bleiben und keine Panik zu verbreiten.
- **Sofortige Meldung:** Jede Bombendrohung sollte sofort den Behörden gemeldet werden. Dies kann die Polizei, die Sicherheitsabteilung des Gebäudes oder andere zuständige Stellen umfassen.
- **Informationen sammeln:** Wenn möglich, sollte man so viele Informationen wie möglich über die Drohung sammeln, z.B. den Ort der Bombe, den Zeitpunkt der Detonation usw. (Auf der nächsten Seite habe ich mal ein Vordruck gefertigt.)
- **Evakuierung:** Im Falle einer tatsächlichen Drohung ist es wichtig, das Gebäude oder den Bereich evakuieren zu lassen und oder ihn selbst zu evakuieren um die Sicherheit aller zu gewährleisten.
- **Zusammenarbeit mit den Behörden:** Es ist wichtig, den Anweisungen der Sicherheitskräfte oder Behörden Folge zu leisten und bei Bedarf Unterstützung zu leisten.

3. **Strafbarkeit von Bombendrohungen:** Bombendrohungen sind ernsthafte Straftaten, unabhängig davon, ob sie als Scherz gemeint waren oder nicht. Die Verursacher von Bombendrohungen können strafrechtlich verfolgt und bestraft werden.

Es ist wichtig, dass jeder die Verantwortung hat, angemessen auf Bombendrohungen zu reagieren, um die Sicherheit aller zu gewährleisten. Auf der nächsten Seite habe ich einen Vordruck erstellt, der bei Bedarf kopiert werden kann und bei Bedarf ausgefüllt werden sollte. Den Vordruck habe ich als Autor dieses Buches erstellt, um Ruhe im Falle hervorzurufen, denn so arbeitest du quasi eine Checkliste ab.

Checkliste bei „Bombendrohung"

<u>Meldeformular</u>

Datum:______________________________, Uhrzeit:____________________________

Wichtige Informationen für Sie!

Gut zuhören - nicht unterbrechen - sofort Notizen machen - immer versuchen den genauen Wortlaut zu notieren. Jetzt tief durchatmen und diese Liste ausfüllen.

Wo befindet sich die Bombe?____

Wann wird sie detonieren? ____

Was ist das für eine Bombe? ____

Kann ich/wir das verhindern? ____

Warum haben Sie das getan? ____

Weitere wichtige Informationen:

Muttersprache? ____
Wie klingt seine Aussprache, Ausdrucksform?

Geschlecht? ____

Hintergrundgeräusche? ____

Rückrufnummer erfragen? ____
Wahrscheinlich wird er die Ihnen nicht geben!

Weitere Details und Verhalten!

Den Anrufer nicht aus der Ruhe bringen, immer freundlich bleiben. Geben Sie dem Anrufer immer Recht. Wenn Möglich Ihm/Ihr zu Verstehen geben, dass Sie genauso denken. Das schafft Vertrauen und lässt vermuten, dass er mit einem Gleichgesinnten spricht.
Wenn möglich, stelle dein Telefon auf laut und wähle direkt nach ERKENNTNIS den Notruf, und lass den Notruf direkt mithören. So verlieren Sie keine Zeit.

Meldekette beachten z. Beispiel **Notruf > Chef > Besitzer, Eigentümer >**
Alarmtaste betätigen zum Bespiel Feueralarm und ruhig und besonnen evakuieren!

Platz für wichtige dienstliche Telefonnummern:

Wach & Dienstbuch

Tag: ____________ **Datum:** ____________ **von:** ____________ **bis:** ____________

Tagschicht ☐ **Spätschicht** ☐ **Nachtschicht** ☐

Mitarbeiter:
Wenn mehr als 5 bitte zweite Seite ausfüllen!

Dienstnummer:

Mitarbeiter	Dienstnummer

Ausrüstungsgegenstände
Vollzähligkeit & Funktionalität bitte prüfen!

Funkgeräte:	1	2	3	4	5
Diensthandy:	1	2	3	4	5
Taschenlampe:	1	2	3	4	5
Datensammler:	1	2	3	4	5
____________	1	2	3	4	5
____________	1	2	3	4	5

Schlüßel gemäß Dienstanweisung übernommen:

○ **vollständig** ○ **unvollständig**

Kontrollgänge laut Dienstanweisung:

	Von	bis		Von	bis		Von	bis
1			2			3		
4			5			6		
7			8			9		
10			11			12		

Ereignisse oder Vorkommen:

Dienst & Ausrüstung ordnungsgemäß übernommen:
Einsatzleiter | Objektleiter

X

Name in Druckschrift: Unterschrift

Wach & Dienstbuch

Tag: ____________ **Datum:** ____________ **von:** ____________ **bis:** ____________

Tagschicht ☐ **Spätschicht** ☐ **Nachtschicht** ☐

Mitarbeiter:
Wenn mehr als 5 bitte zweite Seite ausfüllen!

Dienstnummer:

Ausrüstungsgegenstände
Vollzähligkeit & Funktionalität bitte prüfen!

Funkgeräte:	1	2	3	4	5
Diensthandy:	1	2	3	4	5
Taschenlampe:	1	2	3	4	5
Datensammler:	1	2	3	4	5
____________	1	2	3	4	5
____________	1	2	3	4	5

Schlüßel gemäß Dienstanweisung übernommen:

○ **vollständig** ○ **unvollständig**

Kontrollgänge laut Dienstanweisung:

	Von	bis		Von	bis		Von	bis
1			2			3		
4			5			6		
7			8			9		
10			11			12		

Ereignisse oder Vorkommen:

Dienst & Ausrüstung ordnungsgemäß übernommen:
Einsatzleiter | Objektleiter

X

Name in Druckschrift: Unterschrift

Wach & Dienstbuch

Tag: ______________ **Datum:** ______________ **von:** ______________ **bis:** ______________

Tagschicht ☐ **Spätschicht** ☐ **Nachtschicht** ☐

Mitarbeiter:
Wenn mehr als 5 bitte zweite Seite ausfüllen!

Mitarbeiter	Dienstnummer

Ausrüstungsgegenstände
Vollzähligkeit & Funktionalität bitte prüfen!

Funkgeräte:	1	2	3	4	5
Diensthandy:	1	2	3	4	5
Taschenlampe:	1	2	3	4	5
Datensammler:	1	2	3	4	5
______________	1	2	3	4	5
______________	1	2	3	4	5

Schlüßel gemäß Dienstanweisung übernommen:

○ **vollständig** ○ **unvollständig**

Kontrollgänge laut Dienstanweisung:

	Von	bis		Von	bis		Von	bis
1			2			3		
4			5			6		
7			8			9		
10			11			12		

Ereignisse oder Vorkommen:

Dienst & Ausrüstung ordnungsgemäß übernommen:
Einsatzleiter | Objektleiter

X

Name in Druckschrift: Unterschrift

Wach & Dienstbuch

Tag: ____________ **Datum:** ____________ **von:** ____________ **bis:** ____________

Tagschicht ☐ **Spätschicht** ☐ **Nachtschicht** ☐

Mitarbeiter:
Wenn mehr als 5 bitte zweite Seite ausfüllen!

Dienstnummer:

Ausrüstungsgegenstände
Vollzähligkeit & Funktionalität bitte prüfen!

Funkgeräte:	1	2	3	4	5
Diensthandy:	1	2	3	4	5
Taschenlampe:	1	2	3	4	5
Datensammler:	1	2	3	4	5
____________	1	2	3	4	5
____________	1	2	3	4	5

Schlüßel gemäß Dienstanweisung übernommen:

◯ **vollständig** ◯ **unvollständig**

Kontrollgänge laut Dienstanweisung:

	Von	bis		Von	bis		Von	bis
1			2			3		
4			5			6		
7			8			9		
10			11			12		

Ereignisse oder Vorkommen:

Dienst & Ausrüstung ordnungsgemäß übernommen:
Einsatzleiter | Objektleiter

X

Name in Druckschrift: Unterschrift

Wach & Dienstbuch

Tag: ____________ **Datum:** ____________ **von:** ____________ **bis:** ____________

Tagschicht ☐ **Spätschicht** ☐ **Nachtschicht** ☐

Mitarbeiter:
Wenn mehr als 5 bitte zweite Seite ausfüllen!

Dienstnummer:

Mitarbeiter	Dienstnummer

Ausrüstungsgegenstände
Vollzähligkeit & Funktionalität bitte prüfen!

Funkgeräte:	1	2	3	4	5
Diensthandy:	1	2	3	4	5
Taschenlampe:	1	2	3	4	5
Datensammler:	1	2	3	4	5
____________	1	2	3	4	5
____________	1	2	3	4	5

Schlüßel gemäß Dienstanweisung übernommen:

◯ **vollständig** ◯ **unvollständig**

Kontrollgänge laut Dienstanweisung:

	Von	bis		Von	bis		Von	bis
1			2			3		
4			5			6		
7			8			9		
10			11			12		

Ereignisse oder Vorkommen:

Dienst & Ausrüstung ordnungsgemäß übernommen:
Einsatzleiter | Objektleiter

X

Name in Druckschrift: Unterschrift

Wach & Dienstbuch

Tag: ____________ Datum: ____________ von: ____________ bis: ____________

Tagschicht ☐ Spätschicht ☐ Nachtschicht ☐

Mitarbeiter:
Wenn mehr als 5 bitte zweite Seite ausfüllen!

Dienstnummer:

Ausrüstungsgegenstände
Vollzähligkeit & Funktionalität bitte prüfen!

Funkgeräte:	1	2	3	4	5
Diensthandy:	1	2	3	4	5
Taschenlampe:	1	2	3	4	5
Datensammler:	1	2	3	4	5
____________	1	2	3	4	5
____________	1	2	3	4	5

Schlüßel gemäß Dienstanweisung übernommen:

○ vollständig ○ unvollständig

Kontrollgänge laut Dienstanweisung:

	Von	bis		Von	bis		Von	bis
1			2			3		
4			5			6		
7			8			9		
10			11			12		

Ereignisse oder Vorkommen:

Dienst & Ausrüstung ordnungsgemäß übernommen:
Einsatzleiter | Objektleiter

X

Name in Druckschrift: Unterschrift

Wach & Dienstbuch

Tag: ____________ **Datum:** ____________ **von:** ____________ **bis:** ____________

Tagschicht ☐ **Spätschicht** ☐ **Nachtschicht** ☐

Mitarbeiter:
Wenn mehr als 5 bitte zweite Seite ausfüllen!

Dienstnummer:

Mitarbeiter	Dienstnummer

Ausrüstungsgegenstände
Vollzähligkeit & Funktionalität bitte prüfen!

Funkgeräte:	1	2	3	4	5
Diensthandy:	1	2	3	4	5
Taschenlampe:	1	2	3	4	5
Datensammler:	1	2	3	4	5
____________	1	2	3	4	5
____________	1	2	3	4	5

Schlüßel gemäß Dienstanweisung übernommen:

◯ **vollständig** ◯ **unvollständig**

Kontrollgänge laut Dienstanweisung:

	Von	bis		Von	bis		Von	bis
1			2			3		
4			5			6		
7			8			9		
10			11			12		

Ereignisse oder Vorkommen:

Dienst & Ausrüstung ordnungsgemäß übernommen:
Einsatzleiter | Objektleiter

X

Name in Druckschrift: Unterschrift

Wach & Dienstbuch

Tag: ____________ **Datum:** ____________ **von:** ____________ **bis:** ____________

Tagschicht ☐ **Spätschicht** ☐ **Nachtschicht** ☐

Ausrüstungsgegenstände
Vollzähligkeit & Funktionalität bitte prüfen!

Funkgeräte:	1	2	3	4	5
Diensthandy:	1	2	3	4	5
Taschenlampe:	1	2	3	4	5
Datensammler:	1	2	3	4	5
____________	1	2	3	4	5
____________	1	2	3	4	5

Mitarbeiter:
Wenn mehr als 5 bitte zweite Seite ausfüllen!

Dienstnummer:

Schlüßel gemäß Dienstanweisung übernommen:

◯ **vollständig** ◯ **unvollständig**

Kontrollgänge laut Dienstanweisung:

	Von	bis		Von	bis		Von	bis
1			2			3		
4			5			6		
7			8			9		
10			11			12		

Ereignisse oder Vorkommen:

Dienst & Ausrüstung ordnungsgemäß übernommen:
Einsatzleiter | Objektleiter

X

Name in Druckschrift: Unterschrift

Wach & Dienstbuch

Tag: ____________ **Datum:** ____________ **von:** ____________ **bis:** ____________

Tagschicht ☐ **Spätschicht** ☐ **Nachtschicht** ☐

Mitarbeiter:
Wenn mehr als 5 bitte zweite Seite ausfüllen!

Dienstnummer:

Ausrüstungsgegenstände
Vollzähligkeit & Funktionalität bitte prüfen!

Funkgeräte:	1	2	3	4	5
Diensthandy:	1	2	3	4	5
Taschenlampe:	1	2	3	4	5
Datensammler:	1	2	3	4	5
____________	1	2	3	4	5
____________	1	2	3	4	5

Schlüßel gemäß Dienstanweisung übernommen:

◯ **vollständig** ◯ **unvollständig**

Kontrollgänge laut Dienstanweisung:

	Von	bis		Von	bis		Von	bis
1			2			3		
4			5			6		
7			8			9		
10			11			12		

Ereignisse oder Vorkommen:

Dienst & Ausrüstung ordnungsgemäß übernommen:
Einsatzleiter | Objektleiter

X

Name in Druckschrift: Unterschrift

Wach & Dienstbuch

Tag: ____________ **Datum:** ____________ **von:** ____________ **bis:** ____________

Tagschicht ☐ **Spätschicht** ☐ **Nachtschicht** ☐

Mitarbeiter:
Wenn mehr als 5 bitte zweite Seite ausfüllen!

Dienstnummer:

Mitarbeiter	Dienstnummer

Ausrüstungsgegenstände
Vollzähligkeit & Funktionalität bitte prüfen!

Funkgeräte:	1	2	3	4	5
Diensthandy:	1	2	3	4	5
Taschenlampe:	1	2	3	4	5
Datensammler:	1	2	3	4	5
____________	1	2	3	4	5
____________	1	2	3	4	5

Schlüßel gemäß Dienstanweisung übernommen:

◯ **vollständig** ◯ **unvollständig**

Kontrollgänge laut Dienstanweisung:

	Von	bis		Von	bis		Von	bis
1			2			3		
4			5			6		
7			8			9		
10			11			12		

Ereignisse oder Vorkommen:

Dienst & Ausrüstung ordnungsgemäß übernommen:
Einsatzleiter | Objektleiter

X

Name in Druckschrift: Unterschrift

Wach & Dienstbuch

Tag: ____________ Datum: ____________ von: ____________ bis: ____________

Tagschicht ☐ Spätschicht ☐ Nachtschicht ☐

Mitarbeiter:
Wenn mehr als 5 bitte zweite Seite ausfüllen!

Dienstnummer:

Ausrüstungsgegenstände
Vollzähligkeit & Funktionalität bitte prüfen!

Funkgeräte:	1	2	3	4	5
Diensthandy:	1	2	3	4	5
Taschenlampe:	1	2	3	4	5
Datensammler:	1	2	3	4	5
____________	1	2	3	4	5
____________	1	2	3	4	5

Schlüßel gemäß Dienstanweisung übernommen:

◯ vollständig ◯ unvollständig

Kontrollgänge laut Dienstanweisung:

	Von	bis		Von	bis		Von	bis
1			2			3		
4			5			6		
7			8			9		
10			11			12		

Ereignisse oder Vorkommen:

Dienst & Ausrüstung ordnungsgemäß übernommen:
Einsatzleiter | Objektleiter

X

Name in Druckschrift: Unterschrift

Wach & Dienstbuch

Tag: ____________ **Datum:** ____________ **von:** ____________ **bis:** ____________

Tagschicht ☐ **Spätschicht** ☐ **Nachtschicht** ☐

Mitarbeiter:
Wenn mehr als 5 bitte zweite Seite ausfüllen!

Dienstnummer:

Ausrüstungsgegenstände
Vollzähligkeit & Funktionalität bitte prüfen!

Funkgeräte:	1	2	3	4	5
Diensthandy:	1	2	3	4	5
Taschenlampe:	1	2	3	4	5
Datensammler:	1	2	3	4	5
____________	1	2	3	4	5
____________	1	2	3	4	5

Schlüßel gemäß Dienstanweisung übernommen:

○ **vollständig** ○ **unvollständig**

Kontrollgänge laut Dienstanweisung:

	Von	bis		Von	bis		Von	bis
1			2			3		
4			5			6		
7			8			9		
10			11			12		

Ereignisse oder Vorkommen:

Dienst & Ausrüstung ordnungsgemäß übernommen:
Einsatzleiter | Objektleiter

X

Name in Druckschrift: Unterschrift

Wach & Dienstbuch

Tag: ____________ Datum: ____________ von: ____________ bis: ____________

Tagschicht ☐ Spätschicht ☐ Nachtschicht ☐

Mitarbeiter:
Wenn mehr als 5 bitte zweite Seite ausfüllen!

Dienstnummer:

Ausrüstungsgegenstände
Vollzähligkeit & Funktionalität bitte prüfen!

Funkgeräte:	1	2	3	4	5
Diensthandy:	1	2	3	4	5
Taschenlampe:	1	2	3	4	5
Datensammler:	1	2	3	4	5
____________	1	2	3	4	5
____________	1	2	3	4	5

Schlüßel gemäß Dienstanweisung übernommen:

◯ vollständig ◯ unvollständig

Kontrollgänge laut Dienstanweisung:

	Von	bis		Von	bis		Von	bis
1			2			3		
4			5			6		
7			8			9		
10			11			12		

Ereignisse oder Vorkommen:

Dienst & Ausrüstung ordnungsgemäß übernommen:
Einsatzleiter | Objektleiter

X

Name in Druckschrift: Unterschrift

Wach & Dienstbuch

Tag: ____________ **Datum:** ____________ **von:** ____________ **bis:** ____________

Tagschicht ☐ **Spätschicht** ☐ **Nachtschicht** ☐

Mitarbeiter:
Wenn mehr als 5 bitte zweite Seite ausfüllen!

Dienstnummer:

Mitarbeiter	Dienstnummer

Ausrüstungsgegenstände
Vollzähligkeit & Funktionalität bitte prüfen!

Funkgeräte:	1	2	3	4	5
Diensthandy:	1	2	3	4	5
Taschenlampe:	1	2	3	4	5
Datensammler:	1	2	3	4	5
____________	1	2	3	4	5
____________	1	2	3	4	5

Schlüßel gemäß Dienstanweisung übernommen:

◯ **vollständig** ◯ **unvollständig**

Kontrollgänge laut Dienstanweisung:

	Von	bis		Von	bis		Von	bis
1			2			3		
4			5			6		
7			8			9		
10			11			12		

Ereignisse oder Vorkommen:

Dienst & Ausrüstung ordnungsgemäß übernommen:
Einsatzleiter | Objektleiter

	X
Name in Druckschrift:	Unterschrift

Wach & Dienstbuch

Tag: ____________ **Datum:** ____________ **von:** ____________ **bis:** ____________

Tagschicht ☐ **Spätschicht** ☐ **Nachtschicht** ☐

Mitarbeiter:
Wenn mehr als 5 bitte zweite Seite ausfüllen!

Dienstnummer:

Mitarbeiter	Dienstnummer

Ausrüstungsgegenstände
Vollzähligkeit & Funktionalität bitte prüfen!

Funkgeräte:	1	2	3	4	5
Diensthandy:	1	2	3	4	5
Taschenlampe:	1	2	3	4	5
Datensammler:	1	2	3	4	5
____________	1	2	3	4	5
____________	1	2	3	4	5

Schlüßel gemäß Dienstanweisung übernommen:

◯ **vollständig** ◯ **unvollständig**

Kontrollgänge laut Dienstanweisung:

	Von	bis		Von	bis		Von	bis
1			2			3		
4			5			6		
7			8			9		
10			11			12		

Ereignisse oder Vorkommen:

Dienst & Ausrüstung ordnungsgemäß übernommen:
Einsatzleiter | Objektleiter

X

Name in Druckschrift: Unterschrift

Wach & Dienstbuch

Tag: ____________ **Datum:** ____________ **von:** ____________ **bis:** ____________

Tagschicht ☐ **Spätschicht** ☐ **Nachtschicht** ☐

Ausrüstungsgegenstände
Vollzähligkeit & Funktionalität bitte prüfen!

Funkgeräte:	1	2	3	4	5
Diensthandy:	1	2	3	4	5
Taschenlampe:	1	2	3	4	5
Datensammler:	1	2	3	4	5
____________	1	2	3	4	5
____________	1	2	3	4	5

Mitarbeiter: Wenn mehr als 5 bitte zweite Seite ausfüllen!	**Dienstnummer:**

Schlüßel gemäß Dienstanweisung übernommen:

◯ **vollständig** ◯ **unvollständig**

Kontrollgänge laut Dienstanweisung:

	Von	bis		Von	bis		Von	bis
1			2			3		
4			5			6		
7			8			9		
10			11			12		

Ereignisse oder Vorkommen:

Dienst & Ausrüstung ordnungsgemäß übernommen:
Einsatzleiter | Objektleiter

	X
Name in Druckschrift:	Unterschrift

Wach & Dienstbuch

Tag: ____________ **Datum:** ____________ **von:** ____________ **bis:** ____________

Tagschicht ☐ **Spätschicht** ☐ **Nachtschicht** ☐

Mitarbeiter:
Wenn mehr als 5 bitte zweite Seite ausfüllen!

Dienstnummer:

Ausrüstungsgegenstände
Vollzähligkeit & Funktionalität bitte prüfen!

Funkgeräte:	1	2	3	4	5
Diensthandy:	1	2	3	4	5
Taschenlampe:	1	2	3	4	5
Datensammler:	1	2	3	4	5
____________	1	2	3	4	5
____________	1	2	3	4	5

Schlüßel gemäß Dienstanweisung übernommen:

◯ **vollständig** ◯ **unvollständig**

Kontrollgänge laut Dienstanweisung:

	Von	bis		Von	bis		Von	bis
1			2			3		
4			5			6		
7			8			9		
10			11			12		

Ereignisse oder Vorkommen:

Dienst & Ausrüstung ordnungsgemäß übernommen:
Einsatzleiter | Objektleiter

X

Name in Druckschrift: Unterschrift

Wach & Dienstbuch

Tag: ____________ **Datum:** ____________ **von:** ____________ **bis:** ____________

Tagschicht ☐ **Spätschicht** ☐ **Nachtschicht** ☐

Ausrüstungsgegenstände
Vollzähligkeit & Funktionalität bitte prüfen!

Funkgeräte:	1	2	3	4	5
Diensthandy:	1	2	3	4	5
Taschenlampe:	1	2	3	4	5
Datensammler:	1	2	3	4	5
____________	1	2	3	4	5
____________	1	2	3	4	5

Mitarbeiter: Wenn mehr als 5 bitte zweite Seite ausfüllen!	**Dienstnummer:**

Schlüßel gemäß Dienstanweisung übernommen:

◯ **vollständig** ◯ **unvollständig**

Kontrollgänge laut Dienstanweisung:

	Von	bis		Von	bis		Von	bis
1			2			3		
4			5			6		
7			8			9		
10			11			12		

Ereignisse oder Vorkommen:

Dienst & Ausrüstung ordnungsgemäß übernommen:
Einsatzleiter | Objektleiter

	X
Name in Druckschrift:	Unterschrift

Wach & Dienstbuch

Tag: ____________ **Datum:** ____________ **von:** ____________ **bis:** ____________

Tagschicht ☐ **Spätschicht** ☐ **Nachtschicht** ☐

Mitarbeiter:
Wenn mehr als 5 bitte zweite Seite ausfüllen!

Dienstnummer:

Mitarbeiter	Dienstnummer

Ausrüstungsgegenstände
Vollzähligkeit & Funktionalität bitte prüfen!

Funkgeräte:	1	2	3	4	5
Diensthandy:	1	2	3	4	5
Taschenlampe:	1	2	3	4	5
Datensammler:	1	2	3	4	5
____________	1	2	3	4	5
____________	1	2	3	4	5

Schlüßel gemäß Dienstanweisung übernommen:

◯ **vollständig** ◯ **unvollständig**

Kontrollgänge laut Dienstanweisung:

	Von	bis		Von	bis		Von	bis
1			2			3		
4			5			6		
7			8			9		
10			11			12		

Ereignisse oder Vorkommen:

Dienst & Ausrüstung ordnungsgemäß übernommen:
Einsatzleiter | Objektleiter

X

Name in Druckschrift: Unterschrift

Wach & Dienstbuch

Tag: ____________ **Datum:** ____________ **von:** ____________ **bis:** ____________

Tagschicht ☐ **Spätschicht** ☐ **Nachtschicht** ☐

Mitarbeiter:
Wenn mehr als 5 bitte zweite Seite ausfüllen!

Dienstnummer:

Ausrüstungsgegenstände
Vollzähligkeit & Funktionalität bitte prüfen!

Funkgeräte:	1	2	3	4	5
Diensthandy:	1	2	3	4	5
Taschenlampe:	1	2	3	4	5
Datensammler:	1	2	3	4	5
____________	1	2	3	4	5
____________	1	2	3	4	5

Schlüßel gemäß Dienstanweisung übernommen:

○ **vollständig** ○ **unvollständig**

Kontrollgänge laut Dienstanweisung:

	Von	bis		Von	bis		Von	bis
1			2			3		
4			5			6		
7			8			9		
10			11			12		

Ereignisse oder Vorkommen:

Dienst & Ausrüstung ordnungsgemäß übernommen:
Einsatzleiter | Objektleiter

X

Name in Druckschrift: Unterschrift

Wach & Dienstbuch

Tag: ____________ **Datum:** ____________ **von:** ____________ **bis:** ____________

Tagschicht ☐ **Spätschicht** ☐ **Nachtschicht** ☐

Mitarbeiter:
Wenn mehr als 5 bitte zweite Seite ausfüllen!

Dienstnummer:

Mitarbeiter	Dienstnummer

Ausrüstungsgegenstände
Vollzähligkeit & Funktionalität bitte prüfen!

Funkgeräte:	1	2	3	4	5
Diensthandy:	1	2	3	4	5
Taschenlampe:	1	2	3	4	5
Datensammler:	1	2	3	4	5
____________	1	2	3	4	5
____________	1	2	3	4	5

Schlüßel gemäß Dienstanweisung übernommen:

◯ **vollständig** ◯ **unvollständig**

Kontrollgänge laut Dienstanweisung:

	Von	bis		Von	bis		Von	bis
1			2			3		
4			5			6		
7			8			9		
10			11			12		

Ereignisse oder Vorkommen:

Dienst & Ausrüstung ordnungsgemäß übernommen:
Einsatzleiter | Objektleiter

X

Name in Druckschrift: Unterschrift

Wach & Dienstbuch

Tag: ______________ **Datum:** ______________ **von:** ______________ **bis:** ______________

Tagschicht ☐ **Spätschicht** ☐ **Nachtschicht** ☐

Mitarbeiter:
Wenn mehr als 5 bitte zweite Seite ausfüllen!

Dienstnummer:

Mitarbeiter	Dienstnummer

Ausrüstungsgegenstände
Vollzähligkeit & Funktionalität bitte prüfen!

Funkgeräte:	1	2	3	4	5
Diensthandy:	1	2	3	4	5
Taschenlampe:	1	2	3	4	5
Datensammler:	1	2	3	4	5
______________	1	2	3	4	5
______________	1	2	3	4	5

Schlüßel gemäß Dienstanweisung übernommen:

◯ **vollständig** ◯ **unvollständig**

Kontrollgänge laut Dienstanweisung:

	Von	bis		Von	bis		Von	bis
1			2			3		
4			5			6		
7			8			9		
10			11			12		

Ereignisse oder Vorkommen:

Dienst & Ausrüstung ordnungsgemäß übernommen:
Einsatzleiter | Objektleiter

X

Name in Druckschrift: Unterschrift

Wach & Dienstbuch

Tag: ____________ **Datum:** ____________ **von:** ____________ **bis:** ____________

Tagschicht ☐ **Spätschicht** ☐ **Nachtschicht** ☐

Mitarbeiter:
Wenn mehr als 5 bitte zweite Seite ausfüllen!

Dienstnummer:

Ausrüstungsgegenstände
Vollzähligkeit & Funktionalität bitte prüfen!

Funkgeräte:	1	2	3	4	5
Diensthandy:	1	2	3	4	5
Taschenlampe:	1	2	3	4	5
Datensammler:	1	2	3	4	5
____________	1	2	3	4	5
____________	1	2	3	4	5

Schlüßel gemäß Dienstanweisung übernommen:

◯ **vollständig** ◯ **unvollständig**

Kontrollgänge laut Dienstanweisung:

	Von	bis		Von	bis		Von	bis
1			2			3		
4			5			6		
7			8			9		
10			11			12		

Ereignisse oder Vorkommen:

Dienst & Ausrüstung ordnungsgemäß übernommen:
Einsatzleiter | Objektleiter

X

Name in Druckschrift: Unterschrift

Wach & Dienstbuch

Tag: ____________ **Datum:** ____________ **von:** ____________ **bis:** ____________

Tagschicht ☐ **Spätschicht** ☐ **Nachtschicht** ☐

Mitarbeiter:
Wenn mehr als 5 bitte zweite Seite ausfüllen!

Dienstnummer:

Mitarbeiter	Dienstnummer

Ausrüstungsgegenstände
Vollzähligkeit & Funktionalität bitte prüfen!

Funkgeräte:	1	2	3	4	5
Diensthandy:	1	2	3	4	5
Taschenlampe:	1	2	3	4	5
Datensammler:	1	2	3	4	5
____________	1	2	3	4	5
____________	1	2	3	4	5

Schlüßel gemäß Dienstanweisung übernommen:

○ **vollständig** ○ **unvollständig**

Kontrollgänge laut Dienstanweisung:

	Von	bis		Von	bis		Von	bis
1			2			3		
4			5			6		
7			8			9		
10			11			12		

Ereignisse oder Vorkommen:

Dienst & Ausrüstung ordnungsgemäß übernommen:
Einsatzleiter | Objektleiter

X

Name in Druckschrift: Unterschrift

Wach & Dienstbuch

Tag: ____________ Datum: ____________ von: ____________ bis: ____________

Tagschicht ☐ Spätschicht ☐ Nachtschicht ☐

Mitarbeiter:
Wenn mehr als 5 bitte zweite Seite ausfüllen!

Dienstnummer:

Mitarbeiter	Dienstnummer

Ausrüstungsgegenstände
Vollzähligkeit & Funktionalität bitte prüfen!

Funkgeräte:	1	2	3	4	5
Diensthandy:	1	2	3	4	5
Taschenlampe:	1	2	3	4	5
Datensammler:	1	2	3	4	5
____________	1	2	3	4	5
____________	1	2	3	4	5

Schlüßel gemäß Dienstanweisung übernommen:

◯ vollständig ◯ unvollständig

Kontrollgänge laut Dienstanweisung:

	Von	bis		Von	bis		Von	bis
1			2			3		
4			5			6		
7			8			9		
10			11			12		

Ereignisse oder Vorkommen:

Dienst & Ausrüstung ordnungsgemäß übernommen:
Einsatzleiter | Objektleiter

X

Name in Druckschrift: Unterschrift

Wach & Dienstbuch

Tag: ____________ **Datum:** ____________ **von:** ____________ **bis:** ____________

Tagschicht ☐ **Spätschicht** ☐ **Nachtschicht** ☐

Mitarbeiter:
Wenn mehr als 5 bitte zweite Seite ausfüllen!

Dienstnummer:

Mitarbeiter	Dienstnummer

Ausrüstungsgegenstände
Vollzähligkeit & Funktionalität bitte prüfen!

Funkgeräte:	1	2	3	4	5
Diensthandy:	1	2	3	4	5
Taschenlampe:	1	2	3	4	5
Datensammler:	1	2	3	4	5
____________	1	2	3	4	5
____________	1	2	3	4	5

Schlüßel gemäß Dienstanweisung übernommen:

○ **vollständig** ○ **unvollständig**

Kontrollgänge laut Dienstanweisung:

	Von	bis		Von	bis		Von	bis
1			2			3		
4			5			6		
7			8			9		
10			11			12		

Ereignisse oder Vorkommen:

Dienst & Ausrüstung ordnungsgemäß übernommen:
Einsatzleiter | Objektleiter

	X
Name in Druckschrift:	Unterschrift

Wach & Dienstbuch

Tag: ____________ **Datum:** ____________ **von:** ____________ **bis:** ____________

Tagschicht ☐ **Spätschicht** ☐ **Nachtschicht** ☐

Mitarbeiter:
Wenn mehr als 5 bitte zweite Seite ausfüllen!

Dienstnummer:

Mitarbeiter	Dienstnummer

Ausrüstungsgegenstände
Vollzähligkeit & Funktionalität bitte prüfen!

Funkgeräte:	1	2	3	4	5
Diensthandy:	1	2	3	4	5
Taschenlampe:	1	2	3	4	5
Datensammler:	1	2	3	4	5
____________	1	2	3	4	5
____________	1	2	3	4	5

Schlüßel gemäß Dienstanweisung übernommen:

○ **vollständig** ○ **unvollständig**

Kontrollgänge laut Dienstanweisung:

	Von	bis		Von	bis		Von	bis
1			2			3		
4			5			6		
7			8			9		
10			11			12		

Ereignisse oder Vorkommen:

Dienst & Ausrüstung ordnungsgemäß übernommen:
Einsatzleiter | Objektleiter

X

Name in Druckschrift: Unterschrift

Wach & Dienstbuch

Tag: ______ **Datum:** ______ **von:** ______ **bis:** ______

Tagschicht ☐ **Spätschicht** ☐ **Nachtschicht** ☐

Mitarbeiter:
Wenn mehr als 5 bitte zweite Seite ausfüllen!

Dienstnummer:

Mitarbeiter	Dienstnummer

Ausrüstungsgegenstände
Vollzähligkeit & Funktionalität bitte prüfen!

Funkgeräte:	1	2	3	4	5
Diensthandy:	1	2	3	4	5
Taschenlampe:	1	2	3	4	5
Datensammler:	1	2	3	4	5
______	1	2	3	4	5
______	1	2	3	4	5

Schlüßel gemäß Dienstanweisung übernommen:

◯ **vollständig** ◯ **unvollständig**

Kontrollgänge laut Dienstanweisung:

	Von	bis		Von	bis		Von	bis
1			2			3		
4			5			6		
7			8			9		
10			11			12		

Ereignisse oder Vorkommen:

Dienst & Ausrüstung ordnungsgemäß übernommen:
Einsatzleiter | Objektleiter

X

Name in Druckschrift: Unterschrift

Wach & Dienstbuch

Tag: ____________ Datum: ____________ von: ____________ bis: ____________

Tagschicht ☐ Spätschicht ☐ Nachtschicht ☐

Mitarbeiter:
Wenn mehr als 5 bitte zweite Seite ausfüllen!

Dienstnummer:

Ausrüstungsgegenstände
Vollzähligkeit & Funktionalität bitte prüfen!

Funkgeräte:	1	2	3	4	5
Diensthandy:	1	2	3	4	5
Taschenlampe:	1	2	3	4	5
Datensammler:	1	2	3	4	5
____________	1	2	3	4	5
____________	1	2	3	4	5

Schlüßel gemäß Dienstanweisung übernommen:

◯ vollständig ◯ unvollständig

Kontrollgänge laut Dienstanweisung:

	Von	bis		Von	bis		Von	bis
1			2			3		
4			5			6		
7			8			9		
10			11			12		

Ereignisse oder Vorkommen:

Dienst & Ausrüstung ordnungsgemäß übernommen:
Einsatzleiter | Objektleiter

X

Name in Druckschrift: Unterschrift

Wach & Dienstbuch

Tag: ____________ **Datum:** ____________ **von:** ____________ **bis:** ____________

Tagschicht ☐ **Spätschicht** ☐ **Nachtschicht** ☐

Mitarbeiter:
Wenn mehr als 5 bitte zweite Seite ausfüllen!

Dienstnummer:

Mitarbeiter	Dienstnummer

Ausrüstungsgegenstände
Vollzähligkeit & Funktionalität bitte prüfen!

Funkgeräte:	1	2	3	4	5
Diensthandy:	1	2	3	4	5
Taschenlampe:	1	2	3	4	5
Datensammler:	1	2	3	4	5
____________	1	2	3	4	5
____________	1	2	3	4	5

Schlüßel gemäß Dienstanweisung übernommen:

○ **vollständig** ○ **unvollständig**

Kontrollgänge laut Dienstanweisung:

	Von	bis		Von	bis		Von	bis
1			2			3		
4			5			6		
7			8			9		
10			11			12		

Ereignisse oder Vorkommen:

Dienst & Ausrüstung ordnungsgemäß übernommen:
Einsatzleiter | Objektleiter

X

Name in Druckschrift: Unterschrift

Wach & Dienstbuch

Tag: ____________ Datum: ____________ von: ____________ bis: ____________

Tagschicht ☐ Spätschicht ☐ Nachtschicht ☐

Mitarbeiter:
Wenn mehr als 5 bitte zweite Seite ausfüllen!

Dienstnummer:

Ausrüstungsgegenstände
Vollzähligkeit & Funktionalität bitte prüfen!

Funkgeräte:	1	2	3	4	5
Diensthandy:	1	2	3	4	5
Taschenlampe:	1	2	3	4	5
Datensammler:	1	2	3	4	5
____________	1	2	3	4	5
____________	1	2	3	4	5

Schlüßel gemäß Dienstanweisung übernommen:

◯ vollständig ◯ unvollständig

Kontrollgänge laut Dienstanweisung:

	Von	bis		Von	bis		Von	bis
1			2			3		
4			5			6		
7			8			9		
10			11			12		

Ereignisse oder Vorkommen:

Dienst & Ausrüstung ordnungsgemäß übernommen:
Einsatzleiter | Objektleiter

X

Name in Druckschrift: Unterschrift

Wach & Dienstbuch

Tag: ____________ Datum: ____________ von: ____________ bis: ____________

Tagschicht ☐ Spätschicht ☐ Nachtschicht ☐

Mitarbeiter:
Wenn mehr als 5 bitte zweite Seite ausfüllen!

Dienstnummer:

Ausrüstungsgegenstände
Vollzähligkeit & Funktionalität bitte prüfen!

Funkgeräte:	1	2	3	4	5
Diensthandy:	1	2	3	4	5
Taschenlampe:	1	2	3	4	5
Datensammler:	1	2	3	4	5
____________	1	2	3	4	5
____________	1	2	3	4	5

Schlüßel gemäß Dienstanweisung übernommen:

◯ vollständig ◯ unvollständig

Kontrollgänge laut Dienstanweisung:

	Von	bis		Von	bis		Von	bis
1			2			3		
4			5			6		
7			8			9		
10			11			12		

Ereignisse oder Vorkommen:

Dienst & Ausrüstung ordnungsgemäß übernommen:
Einsatzleiter | Objektleiter

X

Name in Druckschrift: Unterschrift

Wach & Dienstbuch

Tag: ____________ **Datum:** ____________ **von:** ____________ **bis:** ____________

Tagschicht ☐ **Spätschicht** ☐ **Nachtschicht** ☐

Mitarbeiter:
Wenn mehr als 5 bitte zweite Seite ausfüllen!

Dienstnummer:

Mitarbeiter	Dienstnummer

Ausrüstungsgegenstände
Vollzähligkeit & Funktionalität bitte prüfen!

Funkgeräte:	1	2	3	4	5
Diensthandy:	1	2	3	4	5
Taschenlampe:	1	2	3	4	5
Datensammler:	1	2	3	4	5
____________	1	2	3	4	5
____________	1	2	3	4	5

Schlüßel gemäß Dienstanweisung übernommen:

○ **vollständig** ○ **unvollständig**

Kontrollgänge laut Dienstanweisung:

	Von	bis		Von	bis		Von	bis
1			2			3		
4			5			6		
7			8			9		
10			11			12		

Ereignisse oder Vorkommen:

Dienst & Ausrüstung ordnungsgemäß übernommen:
Einsatzleiter | Objektleiter

X

Name in Druckschrift: Unterschrift

Wach & Dienstbuch

Tag: ____________ **Datum:** ____________ **von:** ____________ **bis:** ____________

Tagschicht ☐ **Spätschicht** ☐ **Nachtschicht** ☐

Mitarbeiter:
Wenn mehr als 5 bitte zweite Seite ausfüllen!

Dienstnummer:

Ausrüstungsgegenstände
Vollzähligkeit & Funktionalität bitte prüfen!

Funkgeräte:	1	2	3	4	5
Diensthandy:	1	2	3	4	5
Taschenlampe:	1	2	3	4	5
Datensammler:	1	2	3	4	5
____________	1	2	3	4	5
____________	1	2	3	4	5

Schlüßel gemäß Dienstanweisung übernommen:

◯ **vollständig** ◯ **unvollständig**

Kontrollgänge laut Dienstanweisung:

	Von	bis		Von	bis		Von	bis
1			2			3		
4			5			6		
7			8			9		
10			11			12		

Ereignisse oder Vorkommen:

Dienst & Ausrüstung ordnungsgemäß übernommen:
Einsatzleiter | Objektleiter

X

Name in Druckschrift: Unterschrift

Wach & Dienstbuch

Tag: ____________ Datum: ____________ von: ____________ bis: ____________

Tagschicht ☐ Spätschicht ☐ Nachtschicht ☐

Mitarbeiter:
Wenn mehr als 5 bitte zweite Seite ausfüllen!

Dienstnummer:

Ausrüstungsgegenstände
Vollzähligkeit & Funktionalität bitte prüfen!

Funkgeräte:	1	2	3	4	5
Diensthandy:	1	2	3	4	5
Taschenlampe:	1	2	3	4	5
Datensammler:	1	2	3	4	5
____________	1	2	3	4	5
____________	1	2	3	4	5

Schlüßel gemäß Dienstanweisung übernommen:

◯ vollständig ◯ unvollständig

Kontrollgänge laut Dienstanweisung:

	Von	bis		Von	bis		Von	bis
1			2			3		
4			5			6		
7			8			9		
10			11			12		

Ereignisse oder Vorkommen:

Dienst & Ausrüstung ordnungsgemäß übernommen:
Einsatzleiter | Objektleiter

X

Name in Druckschrift: Unterschrift

Wach & Dienstbuch

Tag: ____________ Datum: ____________ von: ____________ bis: ____________

Tagschicht ☐ Spätschicht ☐ Nachtschicht ☐

Mitarbeiter:
Wenn mehr als 5 bitte zweite Seite ausfüllen!

Dienstnummer:

Ausrüstungsgegenstände
Vollzähligkeit & Funktionalität bitte prüfen!

Funkgeräte:	1	2	3	4	5
Diensthandy:	1	2	3	4	5
Taschenlampe:	1	2	3	4	5
Datensammler:	1	2	3	4	5
____________	1	2	3	4	5
____________	1	2	3	4	5

Schlüßel gemäß Dienstanweisung übernommen:

◯ vollständig ◯ unvollständig

Kontrollgänge laut Dienstanweisung:

	Von	bis		Von	bis		Von	bis
1			2			3		
4			5			6		
7			8			9		
10			11			12		

Ereignisse oder Vorkommen:

Dienst & Ausrüstung ordnungsgemäß übernommen:
Einsatzleiter | Objektleiter

X

Name in Druckschrift: Unterschrift

Wach & Dienstbuch

Tag: ____________ **Datum:** ____________ **von:** ____________ **bis:** ____________

Tagschicht ☐ **Spätschicht** ☐ **Nachtschicht** ☐

Mitarbeiter:
Wenn mehr als 5 bitte zweite Seite ausfüllen!

Dienstnummer:

Ausrüstungsgegenstände
Vollzähligkeit & Funktionalität bitte prüfen!

Funkgeräte:	1	2	3	4	5
Diensthandy:	1	2	3	4	5
Taschenlampe:	1	2	3	4	5
Datensammler:	1	2	3	4	5
____________	1	2	3	4	5
____________	1	2	3	4	5

Schlüßel gemäß Dienstanweisung übernommen:

◯ **vollständig** ◯ **unvollständig**

Kontrollgänge laut Dienstanweisung:

	Von	bis		Von	bis		Von	bis
1			2			3		
4			5			6		
7			8			9		
10			11			12		

Ereignisse oder Vorkommen:

Dienst & Ausrüstung ordnungsgemäß übernommen:
Einsatzleiter | Objektleiter

X

Name in Druckschrift: Unterschrift

Wach & Dienstbuch

Tag: ____________ **Datum:** ____________ **von:** ____________ **bis:** ____________

Tagschicht ☐ **Spätschicht** ☐ **Nachtschicht** ☐

Mitarbeiter:
Wenn mehr als 5 bitte zweite Seite ausfüllen!

Dienstnummer:

Mitarbeiter	Dienstnummer

Ausrüstungsgegenstände
Vollzähligkeit & Funktionalität bitte prüfen!

Funkgeräte:	1	2	3	4	5
Diensthandy:	1	2	3	4	5
Taschenlampe:	1	2	3	4	5
Datensammler:	1	2	3	4	5
____________	1	2	3	4	5
____________	1	2	3	4	5

Schlüßel gemäß Dienstanweisung übernommen:

○ **vollständig** ○ **unvollständig**

Kontrollgänge laut Dienstanweisung:

	Von	bis		Von	bis		Von	bis
1			2			3		
4			5			6		
7			8			9		
10			11			12		

Ereignisse oder Vorkommen:

Dienst & Ausrüstung ordnungsgemäß übernommen:
Einsatzleiter | Objektleiter

X

Name in Druckschrift: Unterschrift

Wach & Dienstbuch

Tag: ____________ **Datum:** ____________ **von:** ____________ **bis:** ____________

Tagschicht ☐ **Spätschicht** ☐ **Nachtschicht** ☐

Mitarbeiter:
Wenn mehr als 5 bitte zweite Seite ausfüllen!

Dienstnummer:

Mitarbeiter	Dienstnummer

Ausrüstungsgegenstände
Vollzähligkeit & Funktionalität bitte prüfen!

Funkgeräte:	1	2	3	4	5
Diensthandy:	1	2	3	4	5
Taschenlampe:	1	2	3	4	5
Datensammler:	1	2	3	4	5
____________	1	2	3	4	5
____________	1	2	3	4	5

Schlüßel gemäß Dienstanweisung übernommen:

◯ **vollständig** ◯ **unvollständig**

Kontrollgänge laut Dienstanweisung:

	Von	bis		Von	bis		Von	bis
1			2			3		
4			5			6		
7			8			9		
10			11			12		

Ereignisse oder Vorkommen:

Dienst & Ausrüstung ordnungsgemäß übernommen:
Einsatzleiter | Objektleiter

X

Name in Druckschrift: Unterschrift

Wach & Dienstbuch

Tag: ____________ **Datum:** ____________ **von:** ____________ **bis:** ____________

Tagschicht ☐ **Spätschicht** ☐ **Nachtschicht** ☐

Mitarbeiter:
Wenn mehr als 5 bitte zweite Seite ausfüllen!

Dienstnummer:

Ausrüstungsgegenstände
Vollzähligkeit & Funktionalität bitte prüfen!

Funkgeräte:	1	2	3	4	5
Diensthandy:	1	2	3	4	5
Taschenlampe:	1	2	3	4	5
Datensammler:	1	2	3	4	5
____________	1	2	3	4	5
____________	1	2	3	4	5

Schlüßel gemäß Dienstanweisung übernommen:

◯ **vollständig** ◯ **unvollständig**

Kontrollgänge laut Dienstanweisung:

	Von	bis		Von	bis		Von	bis
1			2			3		
4			5			6		
7			8			9		
10			11			12		

Ereignisse oder Vorkommen:

Dienst & Ausrüstung ordnungsgemäß übernommen:
Einsatzleiter | Objektleiter

X

Name in Druckschrift: Unterschrift

Wach & Dienstbuch

Tag: ____________ **Datum:** ____________ **von:** ____________ **bis:** ____________

Tagschicht ☐ **Spätschicht** ☐ **Nachtschicht** ☐

Mitarbeiter:
Wenn mehr als 5 bitte zweite Seite ausfüllen!

Dienstnummer:

Ausrüstungsgegenstände
Vollzähligkeit & Funktionalität bitte prüfen!

Funkgeräte:	1	2	3	4	5
Diensthandy:	1	2	3	4	5
Taschenlampe:	1	2	3	4	5
Datensammler:	1	2	3	4	5
____________	1	2	3	4	5
____________	1	2	3	4	5

Schlüßel gemäß Dienstanweisung übernommen:

◯ **vollständig** ◯ **unvollständig**

Kontrollgänge laut Dienstanweisung:

	Von	bis		Von	bis		Von	bis
1			2			3		
4			5			6		
7			8			9		
10			11			12		

Ereignisse oder Vorkommen:

Dienst & Ausrüstung ordnungsgemäß übernommen:
Einsatzleiter | Objektleiter

X

Name in Druckschrift: Unterschrift

Wach & Dienstbuch

Tag: ____________ **Datum:** ____________ **von:** ____________ **bis:** ____________

Tagschicht ☐ **Spätschicht** ☐ **Nachtschicht** ☐

Mitarbeiter:
Wenn mehr als 5 bitte zweite Seite ausfüllen!

Dienstnummer:

Ausrüstungsgegenstände
Vollzähligkeit & Funktionalität bitte prüfen!

Funkgeräte:	1	2	3	4	5
Diensthandy:	1	2	3	4	5
Taschenlampe:	1	2	3	4	5
Datensammler:	1	2	3	4	5
____________	1	2	3	4	5
____________	1	2	3	4	5

Schlüßel gemäß Dienstanweisung übernommen:

◯ **vollständig** ◯ **unvollständig**

Kontrollgänge laut Dienstanweisung:

	Von	bis		Von	bis		Von	bis
1			2			3		
4			5			6		
7			8			9		
10			11			12		

Ereignisse oder Vorkommen:

Dienst & Ausrüstung ordnungsgemäß übernommen:
Einsatzleiter | Objektleiter

X

Name in Druckschrift: Unterschrift

Wach & Dienstbuch

Tag: ____________ **Datum:** ____________ **von:** ____________ **bis:** ____________

Tagschicht ☐ **Spätschicht** ☐ **Nachtschicht** ☐

Mitarbeiter:
Wenn mehr als 5 bitte zweite Seite ausfüllen!

Dienstnummer:

Mitarbeiter	Dienstnummer

Ausrüstungsgegenstände
Vollzähligkeit & Funktionalität bitte prüfen!

Funkgeräte:	1	2	3	4	5
Diensthandy:	1	2	3	4	5
Taschenlampe:	1	2	3	4	5
Datensammler:	1	2	3	4	5
____________	1	2	3	4	5
____________	1	2	3	4	5

Schlüßel gemäß Dienstanweisung übernommen:

○ **vollständig** ○ **unvollständig**

Kontrollgänge laut Dienstanweisung:

	Von	bis		Von	bis		Von	bis
1			2			3		
4			5			6		
7			8			9		
10			11			12		

Ereignisse oder Vorkommen:

Dienst & Ausrüstung ordnungsgemäß übernommen:
Einsatzleiter | Objektleiter

X

Name in Druckschrift: Unterschrift

Wach & Dienstbuch

Tag: ____________ **Datum:** ____________ **von:** ____________ **bis:** ____________

Tagschicht ☐ **Spätschicht** ☐ **Nachtschicht** ☐

Mitarbeiter:
Wenn mehr als 5 bitte zweite Seite ausfüllen!

Dienstnummer:

Ausrüstungsgegenstände
Vollzähligkeit & Funktionalität bitte prüfen!

Funkgeräte:	1	2	3	4	5
Diensthandy:	1	2	3	4	5
Taschenlampe:	1	2	3	4	5
Datensammler:	1	2	3	4	5
____________	1	2	3	4	5
____________	1	2	3	4	5

Schlüßel gemäß Dienstanweisung übernommen:

◯ **vollständig** ◯ **unvollständig**

Kontrollgänge laut Dienstanweisung:

	Von	bis		Von	bis		Von	bis
1			2			3		
4			5			6		
7			8			9		
10			11			12		

Ereignisse oder Vorkommen:

Dienst & Ausrüstung ordnungsgemäß übernommen:
Einsatzleiter | Objektleiter

X

Name in Druckschrift: Unterschrift

Wach & Dienstbuch

Tag: ____________ **Datum:** ____________ **von:** ____________ **bis:** ____________

Tagschicht ☐ **Spätschicht** ☐ **Nachtschicht** ☐

Mitarbeiter:
Wenn mehr als 5 bitte zweite Seite ausfüllen!

Dienstnummer:

Ausrüstungsgegenstände
Vollzähligkeit & Funktionalität bitte prüfen!

Funkgeräte:	1	2	3	4	5
Diensthandy:	1	2	3	4	5
Taschenlampe:	1	2	3	4	5
Datensammler:	1	2	3	4	5
____________	1	2	3	4	5
____________	1	2	3	4	5

Schlüßel gemäß Dienstanweisung übernommen:

◯ **vollständig** ◯ **unvollständig**

Kontrollgänge laut Dienstanweisung:

	Von	bis		Von	bis		Von	bis
1			2			3		
4			5			6		
7			8			9		
10			11			12		

Ereignisse oder Vorkommen:

Dienst & Ausrüstung ordnungsgemäß übernommen:
Einsatzleiter | Objektleiter

X

Name in Druckschrift: Unterschrift

Wach & Dienstbuch

Tag: ____________ **Datum:** ____________ **von:** ____________ **bis:** ____________

Tagschicht ☐ **Spätschicht** ☐ **Nachtschicht** ☐

Mitarbeiter:
Wenn mehr als 5 bitte zweite Seite ausfüllen!

Dienstnummer:

Ausrüstungsgegenstände
Vollzähligkeit & Funktionalität bitte prüfen!

Funkgeräte:	1	2	3	4	5
Diensthandy:	1	2	3	4	5
Taschenlampe:	1	2	3	4	5
Datensammler:	1	2	3	4	5
____________	1	2	3	4	5
____________	1	2	3	4	5

Schlüßel gemäß Dienstanweisung übernommen:

◯ **vollständig** ◯ **unvollständig**

Kontrollgänge laut Dienstanweisung:

	Von	bis		Von	bis		Von	bis
1			2			3		
4			5			6		
7			8			9		
10			11			12		

Ereignisse oder Vorkommen:

Dienst & Ausrüstung ordnungsgemäß übernommen:
Einsatzleiter | Objektleiter

X

Name in Druckschrift: Unterschrift

Wach & Dienstbuch

Tag: ____________ Datum: ____________ von: ____________ bis: ____________

Tagschicht ☐ Spätschicht ☐ Nachtschicht ☐

Mitarbeiter:
Wenn mehr als 5 bitte zweite Seite ausfüllen!

Dienstnummer:

Ausrüstungsgegenstände
Vollzähligkeit & Funktionalität bitte prüfen!

Funkgeräte:	1	2	3	4	5
Diensthandy:	1	2	3	4	5
Taschenlampe:	1	2	3	4	5
Datensammler:	1	2	3	4	5
____________	1	2	3	4	5
____________	1	2	3	4	5

Schlüßel gemäß Dienstanweisung übernommen:

○ vollständig ○ unvollständig

Kontrollgänge laut Dienstanweisung:

	Von	bis		Von	bis		Von	bis
1			2			3		
4			5			6		
7			8			9		
10			11			12		

Ereignisse oder Vorkommen:

Dienst & Ausrüstung ordnungsgemäß übernommen:
Einsatzleiter | Objektleiter

X

Name in Druckschrift: Unterschrift

Wach & Dienstbuch

Tag: ____________ **Datum:** ____________ **von:** ____________ **bis:** ____________

Tagschicht ☐ **Spätschicht** ☐ **Nachtschicht** ☐

Mitarbeiter:
Wenn mehr als 5 bitte zweite Seite ausfüllen!

Dienstnummer:

Ausrüstungsgegenstände
Vollzähligkeit & Funktionalität bitte prüfen!

Funkgeräte:	1	2	3	4	5
Diensthandy:	1	2	3	4	5
Taschenlampe:	1	2	3	4	5
Datensammler:	1	2	3	4	5
____________	1	2	3	4	5
____________	1	2	3	4	5

Schlüßel gemäß Dienstanweisung übernommen:

◯ **vollständig** ◯ **unvollständig**

Kontrollgänge laut Dienstanweisung:

	Von	bis		Von	bis		Von	bis
1			2			3		
4			5			6		
7			8			9		
10			11			12		

Ereignisse oder Vorkommen:

Dienst & Ausrüstung ordnungsgemäß übernommen:
Einsatzleiter | Objektleiter

X

Name in Druckschrift: Unterschrift

Wach & Dienstbuch

Tag: ____________ Datum: ____________ von: ____________ bis: ____________

Tagschicht ☐ Spätschicht ☐ Nachtschicht ☐

Mitarbeiter:
Wenn mehr als 5 bitte zweite Seite ausfüllen!

Dienstnummer:

Mitarbeiter	Dienstnummer

Ausrüstungsgegenstände
Vollzähligkeit & Funktionalität bitte prüfen!

Funkgeräte:	1	2	3	4	5
Diensthandy:	1	2	3	4	5
Taschenlampe:	1	2	3	4	5
Datensammler:	1	2	3	4	5
____________	1	2	3	4	5
____________	1	2	3	4	5

Schlüßel gemäß Dienstanweisung übernommen:

◯ **vollständig** ◯ **unvollständig**

Kontrollgänge laut Dienstanweisung:

	Von	bis		Von	bis		Von	bis
1			2			3		
4			5			6		
7			8			9		
10			11			12		

Ereignisse oder Vorkommen:

Dienst & Ausrüstung ordnungsgemäß übernommen:
Einsatzleiter | Objektleiter

X

Name in Druckschrift: Unterschrift

Wach & Dienstbuch

Tag: ____________ **Datum:** ____________ **von:** ____________ **bis:** ____________

Tagschicht ☐ **Spätschicht** ☐ **Nachtschicht** ☐

Mitarbeiter:
Wenn mehr als 5 bitte zweite Seite ausfüllen!

Dienstnummer:

Ausrüstungsgegenstände
Vollzähligkeit & Funktionalität bitte prüfen!

Funkgeräte:	1	2	3	4	5
Diensthandy:	1	2	3	4	5
Taschenlampe:	1	2	3	4	5
Datensammler:	1	2	3	4	5
____________	1	2	3	4	5
____________	1	2	3	4	5

Schlüßel gemäß Dienstanweisung übernommen:

◯ **vollständig** ◯ **unvollständig**

Kontrollgänge laut Dienstanweisung:

	Von	bis		Von	bis		Von	bis
1			2			3		
4			5			6		
7			8			9		
10			11			12		

Ereignisse oder Vorkommen:

Dienst & Ausrüstung ordnungsgemäß übernommen:
Einsatzleiter | Objektleiter

X

Name in Druckschrift: Unterschrift

Wach & Dienstbuch

Tag: ____________ **Datum:** ____________ **von:** ____________ **bis:** ____________

Tagschicht ☐ **Spätschicht** ☐ **Nachtschicht** ☐

Mitarbeiter:
Wenn mehr als 5 bitte zweite Seite ausfüllen!

Dienstnummer:

Ausrüstungsgegenstände
Vollzähligkeit & Funktionalität bitte prüfen!

Funkgeräte:	1	2	3	4	5
Diensthandy:	1	2	3	4	5
Taschenlampe:	1	2	3	4	5
Datensammler:	1	2	3	4	5
____________	1	2	3	4	5
____________	1	2	3	4	5

Schlüßel gemäß Dienstanweisung übernommen:

◯ **vollständig** ◯ **unvollständig**

Kontrollgänge laut Dienstanweisung:

	Von	bis		Von	bis		Von	bis
1			2			3		
4			5			6		
7			8			9		
10			11			12		

Ereignisse oder Vorkommen:

Dienst & Ausrüstung ordnungsgemäß übernommen:
Einsatzleiter | Objektleiter

X

Name in Druckschrift: Unterschrift

Wach & Dienstbuch

Tag: ____________ **Datum:** ____________ **von:** ____________ **bis:** ____________

Tagschicht ☐ **Spätschicht** ☐ **Nachtschicht** ☐

Ausrüstungsgegenstände
Vollzähligkeit & Funktionalität bitte prüfen!

Funkgeräte:	1	2	3	4	5
Diensthandy:	1	2	3	4	5
Taschenlampe:	1	2	3	4	5
Datensammler:	1	2	3	4	5
____________	1	2	3	4	5
____________	1	2	3	4	5

Mitarbeiter:
Wenn mehr als 5 bitte zweite Seite ausfüllen!

Dienstnummer:

Mitarbeiter	Dienstnummer

Schlüßel gemäß Dienstanweisung übernommen:

○ **vollständig** ○ **unvollständig**

Kontrollgänge laut Dienstanweisung:

	Von	bis		Von	bis		Von	bis
1			2			3		
4			5			6		
7			8			9		
10			11			12		

Ereignisse oder Vorkommen:

Dienst & Ausrüstung ordnungsgemäß übernommen:
Einsatzleiter | Objektleiter

X

Name in Druckschrift: Unterschrift

Wach & Dienstbuch

Tag: ____________ **Datum:** ____________ **von:** ____________ **bis:** ____________

Tagschicht ☐ **Spätschicht** ☐ **Nachtschicht** ☐

Mitarbeiter:
Wenn mehr als 5 bitte zweite Seite ausfüllen!

Dienstnummer:

Mitarbeiter	Dienstnummer

Ausrüstungsgegenstände
Vollzähligkeit & Funktionalität bitte prüfen!

Funkgeräte:	1	2	3	4	5
Diensthandy:	1	2	3	4	5
Taschenlampe:	1	2	3	4	5
Datensammler:	1	2	3	4	5
____________	1	2	3	4	5
____________	1	2	3	4	5

Schlüßel gemäß Dienstanweisung übernommen:

◯ **vollständig** ◯ **unvollständig**

Kontrollgänge laut Dienstanweisung:

	Von	bis		Von	bis		Von	bis
1			2			3		
4			5			6		
7			8			9		
10			11			12		

Ereignisse oder Vorkommen:

Dienst & Ausrüstung ordnungsgemäß übernommen:
Einsatzleiter | Objektleiter

X

Name in Druckschrift: Unterschrift

Wach & Dienstbuch

Tag: ____________ **Datum:** ____________ **von:** ____________ **bis:** ____________

Tagschicht ☐ **Spätschicht** ☐ **Nachtschicht** ☐

Ausrüstungsgegenstände
Vollzähligkeit & Funktionalität bitte prüfen!

Funkgeräte:	1	2	3	4	5
Diensthandy:	1	2	3	4	5
Taschenlampe:	1	2	3	4	5
Datensammler:	1	2	3	4	5
____________	1	2	3	4	5
____________	1	2	3	4	5

Mitarbeiter:
Wenn mehr als 5 bitte zweite Seite ausfüllen!

Dienstnummer:

Mitarbeiter	Dienstnummer

Schlüßel gemäß Dienstanweisung übernommen:

◯ **vollständig** ◯ **unvollständig**

Kontrollgänge laut Dienstanweisung:

	Von	bis		Von	bis		Von	bis
1			2			3		
4			5			6		
7			8			9		
10			11			12		

Ereignisse oder Vorkommen:

Dienst & Ausrüstung ordnungsgemäß übernommen:
Einsatzleiter | Objektleiter

X

Name in Druckschrift: Unterschrift

Wach & Dienstbuch

Tag: ____________ **Datum:** ____________ **von:** ____________ **bis:** ____________

Tagschicht ☐ **Spätschicht** ☐ **Nachtschicht** ☐

Mitarbeiter:
Wenn mehr als 5 bitte zweite Seite ausfüllen!

Dienstnummer:

Ausrüstungsgegenstände
Vollzähligkeit & Funktionalität bitte prüfen!

Funkgeräte:	1	2	3	4	5
Diensthandy:	1	2	3	4	5
Taschenlampe:	1	2	3	4	5
Datensammler:	1	2	3	4	5
____________	1	2	3	4	5
____________	1	2	3	4	5

Schlüßel gemäß Dienstanweisung übernommen:

◯ **vollständig** ◯ **unvollständig**

Kontrollgänge laut Dienstanweisung:

	Von	bis		Von	bis		Von	bis
1			2			3		
4			5			6		
7			8			9		
10			11			12		

Ereignisse oder Vorkommen:

Dienst & Ausrüstung ordnungsgemäß übernommen:
Einsatzleiter | Objektleiter

X

Name in Druckschrift: Unterschrift

Wach & Dienstbuch

Tag: ____________ **Datum:** ____________ **von:** ____________ **bis:** ____________

Tagschicht ☐ **Spätschicht** ☐ **Nachtschicht** ☐

Ausrüstungsgegenstände
Vollzähligkeit & Funktionalität bitte prüfen!

Funkgeräte:	1	2	3	4	5
Diensthandy:	1	2	3	4	5
Taschenlampe:	1	2	3	4	5
Datensammler:	1	2	3	4	5
____________	1	2	3	4	5
____________	1	2	3	4	5

Mitarbeiter:
Wenn mehr als 5 bitte zweite Seite ausfüllen!

Dienstnummer:

Schlüßel gemäß Dienstanweisung übernommen:

◯ **vollständig** ◯ **unvollständig**

Kontrollgänge laut Dienstanweisung:

	Von	bis		Von	bis		Von	bis
1			2			3		
4			5			6		
7			8			9		
10			11			12		

Ereignisse oder Vorkommen:

Dienst & Ausrüstung ordnungsgemäß übernommen:
Einsatzleiter | Objektleiter

X

Name in Druckschrift: Unterschrift

Wach & Dienstbuch

Tag: ____________ **Datum:** ____________ **von:** ____________ **bis:** ____________

Tagschicht ☐ **Spätschicht** ☐ **Nachtschicht** ☐

Mitarbeiter:
Wenn mehr als 5 bitte zweite Seite ausfüllen!

Dienstnummer:

Ausrüstungsgegenstände
Vollzähligkeit & Funktionalität bitte prüfen!

Funkgeräte:	1	2	3	4	5
Diensthandy:	1	2	3	4	5
Taschenlampe:	1	2	3	4	5
Datensammler:	1	2	3	4	5
____________	1	2	3	4	5
____________	1	2	3	4	5

Schlüßel gemäß Dienstanweisung übernommen:

◯ **vollständig** ◯ **unvollständig**

Kontrollgänge laut Dienstanweisung:

	Von	bis		Von	bis		Von	bis
1			2			3		
4			5			6		
7			8			9		
10			11			12		

Ereignisse oder Vorkommen:

Dienst & Ausrüstung ordnungsgemäß übernommen:
Einsatzleiter | Objektleiter

X

Name in Druckschrift: Unterschrift

Wach & Dienstbuch

Tag: ____________ **Datum:** ____________ **von:** ____________ **bis:** ____________

Tagschicht ☐ **Spätschicht** ☐ **Nachtschicht** ☐

Mitarbeiter:
Wenn mehr als 5 bitte zweite Seite ausfüllen!

Dienstnummer:

Mitarbeiter	Dienstnummer

Ausrüstungsgegenstände
Vollzähligkeit & Funktionalität bitte prüfen!

Funkgeräte:	1	2	3	4	5
Diensthandy:	1	2	3	4	5
Taschenlampe:	1	2	3	4	5
Datensammler:	1	2	3	4	5
____________	1	2	3	4	5
____________	1	2	3	4	5

Schlüßel gemäß Dienstanweisung übernommen:

○ **vollständig** ○ **unvollständig**

Kontrollgänge laut Dienstanweisung:

	Von	bis		Von	bis		Von	bis
1			2			3		
4			5			6		
7			8			9		
10			11			12		

Ereignisse oder Vorkommen:

Dienst & Ausrüstung ordnungsgemäß übernommen:
Einsatzleiter | Objektleiter

X

Name in Druckschrift: Unterschrift

Wach & Dienstbuch

Tag: ____________ Datum: ____________ von: ____________ bis: ____________

Tagschicht ☐ Spätschicht ☐ Nachtschicht ☐

Mitarbeiter:
Wenn mehr als 5 bitte zweite Seite ausfüllen!

Dienstnummer:

Ausrüstungsgegenstände
Vollzähligkeit & Funktionalität bitte prüfen!

Funkgeräte:	1	2	3	4	5
Diensthandy:	1	2	3	4	5
Taschenlampe:	1	2	3	4	5
Datensammler:	1	2	3	4	5
____________	1	2	3	4	5
____________	1	2	3	4	5

Schlüßel gemäß Dienstanweisung übernommen:

○ vollständig ○ unvollständig

Kontrollgänge laut Dienstanweisung:

	Von	bis		Von	bis		Von	bis
1			2			3		
4			5			6		
7			8			9		
10			11			12		

Ereignisse oder Vorkommen:

Dienst & Ausrüstung ordnungsgemäß übernommen:
Einsatzleiter | Objektleiter

X

Name in Druckschrift: Unterschrift

Wach & Dienstbuch

Tag: ____________ **Datum:** ____________ **von:** ____________ **bis:** ____________

Tagschicht ☐ **Spätschicht** ☐ **Nachtschicht** ☐

Mitarbeiter:
Wenn mehr als 5 bitte zweite Seite ausfüllen!

Dienstnummer:

Mitarbeiter	Dienstnummer

Ausrüstungsgegenstände
Vollzähligkeit & Funktionalität bitte prüfen!

Funkgeräte:	1	2	3	4	5
Diensthandy:	1	2	3	4	5
Taschenlampe:	1	2	3	4	5
Datensammler:	1	2	3	4	5
____________	1	2	3	4	5
____________	1	2	3	4	5

Schlüßel gemäß Dienstanweisung übernommen:

◯ **vollständig** ◯ **unvollständig**

Kontrollgänge laut Dienstanweisung:

	Von	bis		Von	bis		Von	bis
1			2			3		
4			5			6		
7			8			9		
10			11			12		

Ereignisse oder Vorkommen:

Dienst & Ausrüstung ordnungsgemäß übernommen:
Einsatzleiter | Objektleiter

X

Name in Druckschrift: Unterschrift

Wach & Dienstbuch

Tag: ____________ **Datum:** ____________ **von:** ____________ **bis:** ____________

Tagschicht ☐ **Spätschicht** ☐ **Nachtschicht** ☐

Mitarbeiter:
Wenn mehr als 5 bitte zweite Seite ausfüllen!

Dienstnummer:

Ausrüstungsgegenstände
Vollzähligkeit & Funktionalität bitte prüfen!

Funkgeräte:	1	2	3	4	5
Diensthandy:	1	2	3	4	5
Taschenlampe:	1	2	3	4	5
Datensammler:	1	2	3	4	5
____________	1	2	3	4	5
____________	1	2	3	4	5

Schlüßel gemäß Dienstanweisung übernommen:

○ **vollständig** ○ **unvollständig**

Kontrollgänge laut Dienstanweisung:

	Von	bis		Von	bis		Von	bis
1			2			3		
4			5			6		
7			8			9		
10			11			12		

Ereignisse oder Vorkommen:

Dienst & Ausrüstung ordnungsgemäß übernommen:
Einsatzleiter | Objektleiter

X

Name in Druckschrift: Unterschrift

Wach & Dienstbuch

Tag: ______________ **Datum:** ______________ **von:** ______________ **bis:** ______________

Tagschicht ☐ **Spätschicht** ☐ **Nachtschicht** ☐

Mitarbeiter:
Wenn mehr als 5 bitte zweite Seite ausfüllen!

Dienstnummer:

Ausrüstungsgegenstände
Vollzähligkeit & Funktionalität bitte prüfen!

Funkgeräte:	1	2	3	4	5
Diensthandy:	1	2	3	4	5
Taschenlampe:	1	2	3	4	5
Datensammler:	1	2	3	4	5
______________	1	2	3	4	5
______________	1	2	3	4	5

Schlüßel gemäß Dienstanweisung übernommen:

○ **vollständig** ○ **unvollständig**

Kontrollgänge laut Dienstanweisung:

	Von	bis		Von	bis		Von	bis
1			2			3		
4			5			6		
7			8			9		
10			11			12		

Ereignisse oder Vorkommen:

Dienst & Ausrüstung ordnungsgemäß übernommen:
Einsatzleiter | Objektleiter

X

Name in Druckschrift: Unterschrift

Wach & Dienstbuch

Tag: ____________ **Datum:** ____________ **von:** ____________ **bis:** ____________

Tagschicht ☐ **Spätschicht** ☐ **Nachtschicht** ☐

Mitarbeiter:
Wenn mehr als 5 bitte zweite Seite ausfüllen!

Dienstnummer:

Mitarbeiter	Dienstnummer

Ausrüstungsgegenstände
Vollzähligkeit & Funktionalität bitte prüfen!

Funkgeräte:	1	2	3	4	5
Diensthandy:	1	2	3	4	5
Taschenlampe:	1	2	3	4	5
Datensammler:	1	2	3	4	5
____________	1	2	3	4	5
____________	1	2	3	4	5

Schlüßel gemäß Dienstanweisung übernommen:

○ **vollständig** ○ **unvollständig**

Kontrollgänge laut Dienstanweisung:

	Von	bis		Von	bis		Von	bis
1			2			3		
4			5			6		
7			8			9		
10			11			12		

Ereignisse oder Vorkommen:

Dienst & Ausrüstung ordnungsgemäß übernommen:
Einsatzleiter | Objektleiter

X

Name in Druckschrift: Unterschrift

Wach & Dienstbuch

Tag: ____________ **Datum:** ____________ **von:** ____________ **bis:** ____________

Tagschicht ☐ **Spätschicht** ☐ **Nachtschicht** ☐

Mitarbeiter:
Wenn mehr als 5 bitte zweite Seite ausfüllen!

Dienstnummer:

Mitarbeiter	Dienstnummer

Ausrüstungsgegenstände
Vollzähligkeit & Funktionalität bitte prüfen!

Funkgeräte:	1	2	3	4	5
Diensthandy:	1	2	3	4	5
Taschenlampe:	1	2	3	4	5
Datensammler:	1	2	3	4	5
____________	1	2	3	4	5
____________	1	2	3	4	5

Schlüßel gemäß Dienstanweisung übernommen:

◯ **vollständig** ◯ **unvollständig**

Kontrollgänge laut Dienstanweisung:

	Von	bis		Von	bis		Von	bis
1			2			3		
4			5			6		
7			8			9		
10			11			12		

Ereignisse oder Vorkommen:

Dienst & Ausrüstung ordnungsgemäß übernommen:
Einsatzleiter | Objektleiter

X

Name in Druckschrift: Unterschrift

Wach & Dienstbuch

Tag: ____________ **Datum:** ____________ **von:** ____________ **bis:** ____________

Tagschicht ☐ **Spätschicht** ☐ **Nachtschicht** ☐

Mitarbeiter:
Wenn mehr als 5 bitte zweite Seite ausfüllen!

Dienstnummer:

Ausrüstungsgegenstände
Vollzähligkeit & Funktionalität bitte prüfen!

Funkgeräte:	1	2	3	4	5
Diensthandy:	1	2	3	4	5
Taschenlampe:	1	2	3	4	5
Datensammler:	1	2	3	4	5
____________	1	2	3	4	5
____________	1	2	3	4	5

Schlüßel gemäß Dienstanweisung übernommen:

○ **vollständig** ○ **unvollständig**

Kontrollgänge laut Dienstanweisung:

	Von	bis		Von	bis		Von	bis
1			2			3		
4			5			6		
7			8			9		
10			11			12		

Ereignisse oder Vorkommen:

Dienst & Ausrüstung ordnungsgemäß übernommen:
Einsatzleiter | Objektleiter

X

Name in Druckschrift: Unterschrift

Wach & Dienstbuch

Tag: ____________ **Datum:** ____________ **von:** ____________ **bis:** ____________

Tagschicht ☐ **Spätschicht** ☐ **Nachtschicht** ☐

Mitarbeiter:
Wenn mehr als 5 bitte zweite Seite ausfüllen!

Dienstnummer:

Ausrüstungsgegenstände
Vollzähligkeit & Funktionalität bitte prüfen!

Funkgeräte:	1	2	3	4	5
Diensthandy:	1	2	3	4	5
Taschenlampe:	1	2	3	4	5
Datensammler:	1	2	3	4	5
____________	1	2	3	4	5
____________	1	2	3	4	5

Schlüßel gemäß Dienstanweisung übernommen:

◯ **vollständig** ◯ **unvollständig**

Kontrollgänge laut Dienstanweisung:

	Von	bis		Von	bis		Von	bis
1			2			3		
4			5			6		
7			8			9		
10			11			12		

Ereignisse oder Vorkommen:

Dienst & Ausrüstung ordnungsgemäß übernommen:
Einsatzleiter | Objektleiter

X

Name in Druckschrift: Unterschrift

Wach & Dienstbuch

Tag: ____________ **Datum:** ____________ **von:** ____________ **bis:** ____________

Tagschicht ☐ **Spätschicht** ☐ **Nachtschicht** ☐

Mitarbeiter:
Wenn mehr als 5 bitte zweite Seite ausfüllen!

Dienstnummer:

Mitarbeiter	Dienstnummer

Ausrüstungsgegenstände
Vollzähligkeit & Funktionalität bitte prüfen!

Funkgeräte:	1	2	3	4	5
Diensthandy:	1	2	3	4	5
Taschenlampe:	1	2	3	4	5
Datensammler:	1	2	3	4	5
____________	1	2	3	4	5
____________	1	2	3	4	5

Schlüßel gemäß Dienstanweisung übernommen:

○ **vollständig** ○ **unvollständig**

Kontrollgänge laut Dienstanweisung:

	Von	bis		Von	bis		Von	bis
1			2			3		
4			5			6		
7			8			9		
10			11			12		

Ereignisse oder Vorkommen:

Dienst & Ausrüstung ordnungsgemäß übernommen:
Einsatzleiter | Objektleiter

X

Name in Druckschrift: Unterschrift

Wach & Dienstbuch

Tag: ____________ **Datum:** ____________ **von:** ____________ **bis:** ____________

Tagschicht ☐ **Spätschicht** ☐ **Nachtschicht** ☐

Mitarbeiter:
Wenn mehr als 5 bitte zweite Seite ausfüllen!

Dienstnummer:

Ausrüstungsgegenstände
Vollzähligkeit & Funktionalität bitte prüfen!

Funkgeräte:	1	2	3	4	5
Diensthandy:	1	2	3	4	5
Taschenlampe:	1	2	3	4	5
Datensammler:	1	2	3	4	5
____________	1	2	3	4	5
____________	1	2	3	4	5

Schlüßel gemäß Dienstanweisung übernommen:

◯ **vollständig** ◯ **unvollständig**

Kontrollgänge laut Dienstanweisung:

	Von	bis		Von	bis		Von	bis
1			2			3		
4			5			6		
7			8			9		
10			11			12		

Ereignisse oder Vorkommen:

Dienst & Ausrüstung ordnungsgemäß übernommen:
Einsatzleiter | Objektleiter

X

Name in Druckschrift: Unterschrift

Wach & Dienstbuch

Tag: ______ **Datum:** ______ **von:** ______ **bis:** ______

Tagschicht ☐ **Spätschicht** ☐ **Nachtschicht** ☐

Mitarbeiter:
Wenn mehr als 5 bitte zweite Seite ausfüllen!

Mitarbeiter	Dienstnummer:

Ausrüstungsgegenstände
Vollzähligkeit & Funktionalität bitte prüfen!

Funkgeräte:	1	2	3	4	5
Diensthandy:	1	2	3	4	5
Taschenlampe:	1	2	3	4	5
Datensammler:	1	2	3	4	5
______	1	2	3	4	5
______	1	2	3	4	5

Schlüßel gemäß Dienstanweisung übernommen:

○ **vollständig** ○ **unvollständig**

Kontrollgänge laut Dienstanweisung:

	Von	bis		Von	bis		Von	bis
1			2			3		
4			5			6		
7			8			9		
10			11			12		

Ereignisse oder Vorkommen:

Dienst & Ausrüstung ordnungsgemäß übernommen:
Einsatzleiter | Objektleiter

X

Name in Druckschrift: Unterschrift

Wach & Dienstbuch

Tag: ______________ **Datum:** ______________ **von:** ______________ **bis:** ______________

Tagschicht ☐ **Spätschicht** ☐ **Nachtschicht** ☐

Mitarbeiter:
Wenn mehr als 5 bitte zweite Seite ausfüllen!

Dienstnummer:

Mitarbeiter	Dienstnummer

Ausrüstungsgegenstände
Vollzähligkeit & Funktionalität bitte prüfen!

Funkgeräte:	1	2	3	4	5
Diensthandy:	1	2	3	4	5
Taschenlampe:	1	2	3	4	5
Datensammler:	1	2	3	4	5
______________	1	2	3	4	5
______________	1	2	3	4	5

Schlüßel gemäß Dienstanweisung übernommen:

○ **vollständig** ○ **unvollständig**

Kontrollgänge laut Dienstanweisung:

	Von	bis		Von	bis		Von	bis
1			2			3		
4			5			6		
7			8			9		
10			11			12		

Ereignisse oder Vorkommen:

Dienst & Ausrüstung ordnungsgemäß übernommen:
Einsatzleiter | Objektleiter

X

Name in Druckschrift: Unterschrift

Wach & Dienstbuch

Tag: ____________ Datum: ____________ von: ____________ bis: ____________

Tagschicht ☐ Spätschicht ☐ Nachtschicht ☐

Mitarbeiter:
Wenn mehr als 5 bitte zweite Seite ausfüllen!

Dienstnummer:

Ausrüstungsgegenstände
Vollzähligkeit & Funktionalität bitte prüfen!

Funkgeräte:	1	2	3	4	5
Diensthandy:	1	2	3	4	5
Taschenlampe:	1	2	3	4	5
Datensammler:	1	2	3	4	5
____________	1	2	3	4	5
____________	1	2	3	4	5

Schlüßel gemäß Dienstanweisung übernommen:

◯ vollständig ◯ unvollständig

Kontrollgänge laut Dienstanweisung:

	Von	bis		Von	bis		Von	bis
1			2			3		
4			5			6		
7			8			9		
10			11			12		

Ereignisse oder Vorkommen:

Dienst & Ausrüstung ordnungsgemäß übernommen:
Einsatzleiter | Objektleiter

X

Name in Druckschrift: Unterschrift

Wach & Dienstbuch

Tag: ____________ **Datum:** ____________ **von:** ____________ **bis:** ____________

Tagschicht ☐ **Spätschicht** ☐ **Nachtschicht** ☐

Mitarbeiter:
Wenn mehr als 5 bitte zweite Seite ausfüllen!

Dienstnummer:

Ausrüstungsgegenstände
Vollzähligkeit & Funktionalität bitte prüfen!

Funkgeräte:	1	2	3	4	5
Diensthandy:	1	2	3	4	5
Taschenlampe:	1	2	3	4	5
Datensammler:	1	2	3	4	5
____________	1	2	3	4	5
____________	1	2	3	4	5

Schlüßel gemäß Dienstanweisung übernommen:

◯ **vollständig** ◯ **unvollständig**

Kontrollgänge laut Dienstanweisung:

	Von	bis		Von	bis		Von	bis
1			2			3		
4			5			6		
7			8			9		
10			11			12		

Ereignisse oder Vorkommen:

Dienst & Ausrüstung ordnungsgemäß übernommen:
Einsatzleiter | Objektleiter

X

Name in Druckschrift: Unterschrift

Wach & Dienstbuch

Tag: ____________ **Datum:** ____________ **von:** ____________ **bis:** ____________

Tagschicht ☐ **Spätschicht** ☐ **Nachtschicht** ☐

Mitarbeiter:
Wenn mehr als 5 bitte zweite Seite ausfüllen!

Dienstnummer:

Mitarbeiter	Dienstnummer

Ausrüstungsgegenstände
Vollzähligkeit & Funktionalität bitte prüfen!

Funkgeräte:	1	2	3	4	5
Diensthandy:	1	2	3	4	5
Taschenlampe:	1	2	3	4	5
Datensammler:	1	2	3	4	5
____________	1	2	3	4	5
____________	1	2	3	4	5

Schlüßel gemäß Dienstanweisung übernommen:

◯ **vollständig** ◯ **unvollständig**

Kontrollgänge laut Dienstanweisung:

	Von	bis		Von	bis		Von	bis
1			2			3		
4			5			6		
7			8			9		
10			11			12		

Ereignisse oder Vorkommen:

Dienst & Ausrüstung ordnungsgemäß übernommen:
Einsatzleiter | Objektleiter

X

Name in Druckschrift: Unterschrift

Wach & Dienstbuch

Tag: ____________ **Datum:** ____________ **von:** ____________ **bis:** ____________

Tagschicht ☐ **Spätschicht** ☐ **Nachtschicht** ☐

Ausrüstungsgegenstände
Vollzähligkeit & Funktionalität bitte prüfen!

Funkgeräte:	1	2	3	4	5
Diensthandy:	1	2	3	4	5
Taschenlampe:	1	2	3	4	5
Datensammler:	1	2	3	4	5
____________	1	2	3	4	5
____________	1	2	3	4	5

Mitarbeiter:
Wenn mehr als 5 bitte zweite Seite ausfüllen!

Dienstnummer:

Mitarbeiter	Dienstnummer

Schlüßel gemäß Dienstanweisung übernommen:

◯ **vollständig** ◯ **unvollständig**

Kontrollgänge laut Dienstanweisung:

	Von	bis		Von	bis		Von	bis
1			2			3		
4			5			6		
7			8			9		
10			11			12		

Ereignisse oder Vorkommen:

Dienst & Ausrüstung ordnungsgemäß übernommen:
Einsatzleiter | Objektleiter

X

Name in Druckschrift: Unterschrift

Wach & Dienstbuch

Tag: ____________ **Datum:** ____________ **von:** ____________ **bis:** ____________

Tagschicht ☐ **Spätschicht** ☐ **Nachtschicht** ☐

Mitarbeiter:
Wenn mehr als 5 bitte zweite Seite ausfüllen!

Dienstnummer:

Mitarbeiter	Dienstnummer

Ausrüstungsgegenstände
Vollzähligkeit & Funktionalität bitte prüfen!

Funkgeräte:	1	2	3	4	5
Diensthandy:	1	2	3	4	5
Taschenlampe:	1	2	3	4	5
Datensammler:	1	2	3	4	5
____________	1	2	3	4	5
____________	1	2	3	4	5

Schlüßel gemäß Dienstanweisung übernommen:

◯ **vollständig** ◯ **unvollständig**

Kontrollgänge laut Dienstanweisung:

	Von	bis		Von	bis		Von	bis
1			2			3		
4			5			6		
7			8			9		
10			11			12		

Ereignisse oder Vorkommen:

Dienst & Ausrüstung ordnungsgemäß übernommen:
Einsatzleiter | Objektleiter

X

Name in Druckschrift: Unterschrift

Wach & Dienstbuch

Tag: ____________ **Datum:** ____________ **von:** ____________ **bis:** ____________

Tagschicht ☐ **Spätschicht** ☐ **Nachtschicht** ☐

Mitarbeiter:
Wenn mehr als 5 bitte zweite Seite ausfüllen!

Dienstnummer:

Mitarbeiter	Dienstnummer

Ausrüstungsgegenstände
Vollzähligkeit & Funktionalität bitte prüfen!

Funkgeräte:	1	2	3	4	5
Diensthandy:	1	2	3	4	5
Taschenlampe:	1	2	3	4	5
Datensammler:	1	2	3	4	5
____________	1	2	3	4	5
____________	1	2	3	4	5

Schlüßel gemäß Dienstanweisung übernommen:

◯ **vollständig** ◯ **unvollständig**

Kontrollgänge laut Dienstanweisung:

	Von	bis		Von	bis		Von	bis
1			2			3		
4			5			6		
7			8			9		
10			11			12		

Ereignisse oder Vorkommen:

Dienst & Ausrüstung ordnungsgemäß übernommen:
Einsatzleiter | Objektleiter

X

Name in Druckschrift: Unterschrift

Wach & Dienstbuch

Tag: ____________ **Datum:** ____________ **von:** ____________ **bis:** ____________

Tagschicht ☐ **Spätschicht** ☐ **Nachtschicht** ☐

Mitarbeiter:
Wenn mehr als 5 bitte zweite Seite ausfüllen!

Dienstnummer:

Ausrüstungsgegenstände
Vollzähligkeit & Funktionalität bitte prüfen!

Funkgeräte:	1	2	3	4	5
Diensthandy:	1	2	3	4	5
Taschenlampe:	1	2	3	4	5
Datensammler:	1	2	3	4	5
____________	1	2	3	4	5
____________	1	2	3	4	5

Schlüßel gemäß Dienstanweisung übernommen:

◯ **vollständig** ◯ **unvollständig**

Kontrollgänge laut Dienstanweisung:

	Von	bis		Von	bis		Von	bis
1			2			3		
4			5			6		
7			8			9		
10			11			12		

Ereignisse oder Vorkommen:

Dienst & Ausrüstung ordnungsgemäß übernommen:
Einsatzleiter | Objektleiter

X

Name in Druckschrift: Unterschrift

Wach & Dienstbuch

Tag: ____________ **Datum:** ____________ **von:** ____________ **bis:** ____________

Tagschicht ☐ **Spätschicht** ☐ **Nachtschicht** ☐

Mitarbeiter:
Wenn mehr als 5 bitte zweite Seite ausfüllen!

Dienstnummer:

Ausrüstungsgegenstände
Vollzähligkeit & Funktionalität bitte prüfen!

Funkgeräte:	1	2	3	4	5
Diensthandy:	1	2	3	4	5
Taschenlampe:	1	2	3	4	5
Datensammler:	1	2	3	4	5
____________	1	2	3	4	5
____________	1	2	3	4	5

Schlüßel gemäß Dienstanweisung übernommen:

◯ **vollständig** ◯ **unvollständig**

Kontrollgänge laut Dienstanweisung:

	Von	bis		Von	bis		Von	bis
1			2			3		
4			5			6		
7			8			9		
10			11			12		

Ereignisse oder Vorkommen:

Dienst & Ausrüstung ordnungsgemäß übernommen:
Einsatzleiter | Objektleiter

X

Name in Druckschrift: Unterschrift

Wach & Dienstbuch

Tag: ____________ **Datum:** ____________ **von:** ____________ **bis:** ____________

Tagschicht ☐ **Spätschicht** ☐ **Nachtschicht** ☐

Mitarbeiter:
Wenn mehr als 5 bitte zweite Seite ausfüllen!

Dienstnummer:

Ausrüstungsgegenstände
Vollzähligkeit & Funktionalität bitte prüfen!

Funkgeräte:	1	2	3	4	5
Diensthandy:	1	2	3	4	5
Taschenlampe:	1	2	3	4	5
Datensammler:	1	2	3	4	5
____________	1	2	3	4	5
____________	1	2	3	4	5

Schlüßel gemäß Dienstanweisung übernommen:

◯ **vollständig** ◯ **unvollständig**

Kontrollgänge laut Dienstanweisung:

	Von	bis		Von	bis		Von	bis
1			2			3		
4			5			6		
7			8			9		
10			11			12		

Ereignisse oder Vorkommen:

Dienst & Ausrüstung ordnungsgemäß übernommen:
Einsatzleiter | Objektleiter

X

Name in Druckschrift: Unterschrift

Wach & Dienstbuch

Tag: ____________ **Datum:** ____________ **von:** ____________ **bis:** ____________

Tagschicht ☐ **Spätschicht** ☐ **Nachtschicht** ☐

Mitarbeiter:
Wenn mehr als 5 bitte zweite Seite ausfüllen!

Dienstnummer:

Mitarbeiter	Dienstnummer

Ausrüstungsgegenstände
Vollzähligkeit & Funktionalität bitte prüfen!

Funkgeräte:	1	2	3	4	5
Diensthandy:	1	2	3	4	5
Taschenlampe:	1	2	3	4	5
Datensammler:	1	2	3	4	5
____________	1	2	3	4	5
____________	1	2	3	4	5

Schlüßel gemäß Dienstanweisung übernommen:

◯ **vollständig** ◯ **unvollständig**

Kontrollgänge laut Dienstanweisung:

	Von	bis		Von	bis		Von	bis
1			2			3		
4			5			6		
7			8			9		
10			11			12		

Ereignisse oder Vorkommen:

Dienst & Ausrüstung ordnungsgemäß übernommen:
Einsatzleiter | Objektleiter

X

Name in Druckschrift: Unterschrift

Wach & Dienstbuch

Tag: ____________ **Datum:** ____________ **von:** ____________ **bis:** ____________

Tagschicht ☐ **Spätschicht** ☐ **Nachtschicht** ☐

Mitarbeiter:
Wenn mehr als 5 bitte zweite Seite ausfüllen!

Dienstnummer:

Mitarbeiter	Dienstnummer

Ausrüstungsgegenstände
Vollzähligkeit & Funktionalität bitte prüfen!

Funkgeräte:	1	2	3	4	5
Diensthandy:	1	2	3	4	5
Taschenlampe:	1	2	3	4	5
Datensammler:	1	2	3	4	5
____________	1	2	3	4	5
____________	1	2	3	4	5

Schlüßel gemäß Dienstanweisung übernommen:

○ **vollständig** ○ **unvollständig**

Kontrollgänge laut Dienstanweisung:

	Von	bis		Von	bis		Von	bis
1			2			3		
4			5			6		
7			8			9		
10			11			12		

Ereignisse oder Vorkommen:

Dienst & Ausrüstung ordnungsgemäß übernommen:
Einsatzleiter | Objektleiter

X

Name in Druckschrift: Unterschrift

Wach & Dienstbuch

Tag: ____________ **Datum:** ____________ **von:** ____________ **bis:** ____________

Tagschicht ☐ **Spätschicht** ☐ **Nachtschicht** ☐

Mitarbeiter:
Wenn mehr als 5 bitte zweite Seite ausfüllen!

Dienstnummer:

Ausrüstungsgegenstände
Vollzähligkeit & Funktionalität bitte prüfen!

Funkgeräte:	1	2	3	4	5
Diensthandy:	1	2	3	4	5
Taschenlampe:	1	2	3	4	5
Datensammler:	1	2	3	4	5
____________	1	2	3	4	5
____________	1	2	3	4	5

Schlüßel gemäß Dienstanweisung übernommen:

◯ **vollständig** ◯ **unvollständig**

Kontrollgänge laut Dienstanweisung:

	Von	bis		Von	bis		Von	bis
1			2			3		
4			5			6		
7			8			9		
10			11			12		

Ereignisse oder Vorkommen:

Dienst & Ausrüstung ordnungsgemäß übernommen:
Einsatzleiter | Objektleiter

X

Name in Druckschrift: Unterschrift

Wach & Dienstbuch

Tag: ____________ **Datum:** ____________ **von:** ____________ **bis:** ____________

Tagschicht ☐ **Spätschicht** ☐ **Nachtschicht** ☐

Mitarbeiter:
Wenn mehr als 5 bitte zweite Seite ausfüllen!

Dienstnummer:

Ausrüstungsgegenstände
Vollzähligkeit & Funktionalität bitte prüfen!

Funkgeräte:	1	2	3	4	5
Diensthandy:	1	2	3	4	5
Taschenlampe:	1	2	3	4	5
Datensammler:	1	2	3	4	5
____________	1	2	3	4	5
____________	1	2	3	4	5

Schlüßel gemäß Dienstanweisung übernommen:

◯ **vollständig** ◯ **unvollständig**

Kontrollgänge laut Dienstanweisung:

	Von	bis		Von	bis		Von	bis
1			2			3		
4			5			6		
7			8			9		
10			11			12		

Ereignisse oder Vorkommen:

Dienst & Ausrüstung ordnungsgemäß übernommen:
Einsatzleiter | Objektleiter

X

Name in Druckschrift: Unterschrift

Wach & Dienstbuch

Tag: ____________ **Datum:** ____________ **von:** ____________ **bis:** ____________

Tagschicht ☐ **Spätschicht** ☐ **Nachtschicht** ☐

Mitarbeiter:
Wenn mehr als 5 bitte zweite Seite ausfüllen!

Dienstnummer:

Ausrüstungsgegenstände
Vollzähligkeit & Funktionalität bitte prüfen!

Funkgeräte:	1	2	3	4	5
Diensthandy:	1	2	3	4	5
Taschenlampe:	1	2	3	4	5
Datensammler:	1	2	3	4	5
____________	1	2	3	4	5
____________	1	2	3	4	5

Schlüßel gemäß Dienstanweisung übernommen:

◯ **vollständig** ◯ **unvollständig**

Kontrollgänge laut Dienstanweisung:

	Von	bis		Von	bis		Von	bis
1			2			3		
4			5			6		
7			8			9		
10			11			12		

Ereignisse oder Vorkommen:

Dienst & Ausrüstung ordnungsgemäß übernommen:
Einsatzleiter | Objektleiter

X

Name in Druckschrift: Unterschrift

Wach & Dienstbuch

Tag: ____________ **Datum:** ____________ **von:** ____________ **bis:** ____________

Tagschicht ☐ **Spätschicht** ☐ **Nachtschicht** ☐

Mitarbeiter:
Wenn mehr als 5 bitte zweite Seite ausfüllen!

Dienstnummer:

Ausrüstungsgegenstände
Vollzähligkeit & Funktionalität bitte prüfen!

Funkgeräte:	1	2	3	4	5
Diensthandy:	1	2	3	4	5
Taschenlampe:	1	2	3	4	5
Datensammler:	1	2	3	4	5
____________	1	2	3	4	5
____________	1	2	3	4	5

Schlüßel gemäß Dienstanweisung übernommen:

○ **vollständig** ○ **unvollständig**

Kontrollgänge laut Dienstanweisung:

	Von	bis		Von	bis		Von	bis
1			2			3		
4			5			6		
7			8			9		
10			11			12		

Ereignisse oder Vorkommen:

Dienst & Ausrüstung ordnungsgemäß übernommen:
Einsatzleiter | Objektleiter

X

Name in Druckschrift: Unterschrift

Wach & Dienstbuch

Tag: ____________ **Datum:** ____________ **von:** ____________ **bis:** ____________

Tagschicht ☐ **Spätschicht** ☐ **Nachtschicht** ☐

Mitarbeiter:
Wenn mehr als 5 bitte zweite Seite ausfüllen!

Dienstnummer:

Ausrüstungsgegenstände
Vollzähligkeit & Funktionalität bitte prüfen!

Funkgeräte:	1	2	3	4	5
Diensthandy:	1	2	3	4	5
Taschenlampe:	1	2	3	4	5
Datensammler:	1	2	3	4	5
____________	1	2	3	4	5
____________	1	2	3	4	5

Schlüßel gemäß Dienstanweisung übernommen:

◯ **vollständig** ◯ **unvollständig**

Kontrollgänge laut Dienstanweisung:

	Von	bis		Von	bis		Von	bis
1			2			3		
4			5			6		
7			8			9		
10			11			12		

Ereignisse oder Vorkommen:

Dienst & Ausrüstung ordnungsgemäß übernommen:
Einsatzleiter | Objektleiter

X

Name in Druckschrift: Unterschrift

Wach & Dienstbuch

Tag: ____________ **Datum:** ____________ **von:** ____________ **bis:** ____________

Tagschicht ☐ **Spätschicht** ☐ **Nachtschicht** ☐

Mitarbeiter:
Wenn mehr als 5 bitte zweite Seite ausfüllen!

Dienstnummer:

Mitarbeiter	Dienstnummer

Ausrüstungsgegenstände
Vollzähligkeit & Funktionalität bitte prüfen!

Funkgeräte:	1	2	3	4	5
Diensthandy:	1	2	3	4	5
Taschenlampe:	1	2	3	4	5
Datensammler:	1	2	3	4	5
____________	1	2	3	4	5
____________	1	2	3	4	5

Schlüßel gemäß Dienstanweisung übernommen:

◯ **vollständig** ◯ **unvollständig**

Kontrollgänge laut Dienstanweisung:

	Von	bis		Von	bis		Von	bis
1			2			3		
4			5			6		
7			8			9		
10			11			12		

Ereignisse oder Vorkommen:

Dienst & Ausrüstung ordnungsgemäß übernommen:
Einsatzleiter | Objektleiter

X

Name in Druckschrift: Unterschrift

Wach & Dienstbuch

Tag: ____________ **Datum:** ____________ **von:** ____________ **bis:** ____________

Tagschicht ☐ **Spätschicht** ☐ **Nachtschicht** ☐

Mitarbeiter:
Wenn mehr als 5 bitte zweite Seite ausfüllen!

Dienstnummer:

Ausrüstungsgegenstände
Vollzähligkeit & Funktionalität bitte prüfen!

Funkgeräte:	1	2	3	4	5
Diensthandy:	1	2	3	4	5
Taschenlampe:	1	2	3	4	5
Datensammler:	1	2	3	4	5
____________	1	2	3	4	5
____________	1	2	3	4	5

Schlüßel gemäß Dienstanweisung übernommen:

◯ **vollständig** ◯ **unvollständig**

Kontrollgänge laut Dienstanweisung:

	Von	bis		Von	bis		Von	bis
1			2			3		
4			5			6		
7			8			9		
10			11			12		

Ereignisse oder Vorkommen:

Dienst & Ausrüstung ordnungsgemäß übernommen:
Einsatzleiter | Objektleiter

X

Name in Druckschrift: Unterschrift

Wach & Dienstbuch

Tag: ____________ **Datum:** ____________ **von:** ____________ **bis:** ____________

Tagschicht ☐ **Spätschicht** ☐ **Nachtschicht** ☐

Mitarbeiter:
Wenn mehr als 5 bitte zweite Seite ausfüllen!

Dienstnummer:

Mitarbeiter	Dienstnummer

Ausrüstungsgegenstände
Vollzähligkeit & Funktionalität bitte prüfen!

Funkgeräte:	1	2	3	4	5
Diensthandy:	1	2	3	4	5
Taschenlampe:	1	2	3	4	5
Datensammler:	1	2	3	4	5
____________	1	2	3	4	5
____________	1	2	3	4	5

Schlüßel gemäß Dienstanweisung übernommen:

◯ **vollständig** ◯ **unvollständig**

Kontrollgänge laut Dienstanweisung:

	Von	bis		Von	bis		Von	bis
1			2			3		
4			5			6		
7			8			9		
10			11			12		

Ereignisse oder Vorkommen:

Dienst & Ausrüstung ordnungsgemäß übernommen:
Einsatzleiter | Objektleiter

X

Name in Druckschrift: Unterschrift

Wach & Dienstbuch

Tag: ____________ **Datum:** ____________ **von:** ____________ **bis:** ____________

Tagschicht ☐ **Spätschicht** ☐ **Nachtschicht** ☐

Mitarbeiter:
Wenn mehr als 5 bitte zweite Seite ausfüllen!

Dienstnummer:

Ausrüstungsgegenstände
Vollzähligkeit & Funktionalität bitte prüfen!

Funkgeräte:	1	2	3	4	5
Diensthandy:	1	2	3	4	5
Taschenlampe:	1	2	3	4	5
Datensammler:	1	2	3	4	5
____________	1	2	3	4	5
____________	1	2	3	4	5

Schlüßel gemäß Dienstanweisung übernommen:

◯ **vollständig** ◯ **unvollständig**

Kontrollgänge laut Dienstanweisung:

	Von	bis		Von	bis		Von	bis
1			2			3		
4			5			6		
7			8			9		
10			11			12		

Ereignisse oder Vorkommen:

Dienst & Ausrüstung ordnungsgemäß übernommen:
Einsatzleiter | Objektleiter

X

Name in Druckschrift: Unterschrift

Wach & Dienstbuch

Tag: ____________ Datum: ____________ von: ____________ bis: ____________

Tagschicht ☐ Spätschicht ☐ Nachtschicht ☐

Mitarbeiter:
Wenn mehr als 5 bitte zweite Seite ausfüllen!

Dienstnummer:

Ausrüstungsgegenstände
Vollzähligkeit & Funktionalität bitte prüfen!

Funkgeräte:	1	2	3	4	5
Diensthandy:	1	2	3	4	5
Taschenlampe:	1	2	3	4	5
Datensammler:	1	2	3	4	5
____________	1	2	3	4	5
____________	1	2	3	4	5

Schlüßel gemäß Dienstanweisung übernommen:

◯ vollständig ◯ unvollständig

Kontrollgänge laut Dienstanweisung:

	Von	bis		Von	bis		Von	bis
1			2			3		
4			5			6		
7			8			9		
10			11			12		

Ereignisse oder Vorkommen:

Dienst & Ausrüstung ordnungsgemäß übernommen:
Einsatzleiter | Objektleiter

X

Name in Druckschrift: Unterschrift

Kolibri 360 GmbH
Ferdinand-Jühlke-Straße 7
99095 Erfurt, Deutschland
produktsicherheit@kolibri360.de